北京歌谣熟语集释系列

北京惯用语集释

BEIJING GUANYONGYU JISHI

董树人 编著

语文出版社
·北京·

图书在版编目（CIP）数据

北京惯用语集释 / 董树人编著. -- 北京：语文出版社，2019.2
ISBN 978-7-5187-0858-1

Ⅰ. ①北… Ⅱ. ①董… Ⅲ. ①汉语－社会习惯语－汇编－北京 Ⅳ. ①H136.4

中国版本图书馆CIP数据核字（2019）第027443号

责任编辑	谢　惠
装帧设计	刘姗姗
出　　版	语文出版社
地　　址	北京市东城区朝阳门内南小街51号　100010
电子信箱	ywcbsywp@163.com
排　　版	北京杰瑞腾达科技发展有限公司
印刷装订	北京市科星印刷有限责任公司
发　　行	语文出版社　新华书店经销
规　　格	890mm×1240mm
开　　本	A5
印　　张	7.25
字　　数	169千字
版　　次	2019年2月第1版
印　　次	2019年2月第1次印刷
印　　数	1-2,000
定　　价	40.00元

☎ 010-65253954（咨询）010-65251033（购书）010-65250075（印装质量）

《北京歌谣熟语集释》总序

我自幼儿生长在涿州。明清时期，涿州属宛平府（所谓卢沟二府）管辖。民国元年（1912），涿州划归河北省，与河北省的一些县份来往逐渐增多，语言上也越来越具河北方言的特点，但从语音、语调、语法及词汇形式上看，涿州方言仍属北京方言片的方言，定而不移。我的祖辈一直作为贩夫在北京周围谋生，活动于大兴、顺义、昌平及北京西郊地区。他们对北京话，特别是对北京西郊诸如八里庄、蓝靛厂、海淀镇、田村一带的生活习惯、风土人情、方言土话等特别熟悉，这也大大影响了我。1964年，我从南开大学中文系汉语言文学专业语言专门化毕业，被分配到北京外国留学生高等预备学校（北京语言大学前身）工作，从事对外汉语教学与研究，直至年老退休。这期间，工作之余一直做着北京话的研究，特别是在北京方言词汇研究方面兴趣最浓、用力最勤，也取得了些微的成绩。2010年《新编北京方言词典》由商务印书馆出版后，引起了国内外数十家媒体的关注，受到了广大读者的欢迎，使我受到了巨大鼓舞。我在编写《新编北京方言词典》时积累的资料的基础上再加搜集，编成了此套小书。编写此套小书的目的，与编写《新编北京方言词典》一样，依然是为了保存北京方言资料，为研究北京历史、北京文化的人士提供方便。

北京惯用语集释

  本套书共分四个小册子——《北京歌谣集释》《北京谚语集释》《北京惯用语集释》《北京歇后语谜语集释》，内容包括歌谣、谚语、惯用语、歇后语和谜语。为了便于称说，总书名取作《北京歌谣熟语集释》。本套书收录的内容有地域性。任何地域文化都是整个中华民族文化的一部分，任何汉语地域方言或地点方言也都是汉语大家庭中的一员，它们在历史的长河中必然互相影响和交融，北京方言也不例外。北京方言不但从其他方言传入了不少富有表现力的熟语成分，也从古籍中特别是启蒙读物《名贤集》中继承了许多富于人生智慧的谚语、格言。对于从其他地区传入或从古籍中继承来的，北京地区的民众又经常挂在嘴边儿上的熟语成分，像"不到黄河不死心""人无远虑，必有近忧""路遥知马力，日久见人心""良言一句三冬暖，恶语伤人六月寒"等，也酌情收入。考虑到受地域文化、习俗及时代的限制，一些读者可能有阅读和理解上的困难，因此对一些词语（主要是方言词语）作了注释，对绝大多数条目作了简析，有的解释了意思，有的说明了用法，有的交代了产生与使用的环境背景。这部分内容，无论是对其他方言区的读者，还是对一些年轻朋友或是外国朋友，我想都会是有益的。

  北京历史悠久，曾经五代为都，文化积淀丰厚。本套书如果能对研究北京历史、文化、习俗的人士，对热爱北京文化的广大读者有些微的帮助，那将是作者最为愉快的事情。

作　者
2015 年 11 月 28 日于北京语言大学

关于《北京惯用语集释》

惯用语不像成语、谚语、歇后语等形成名称较早，它是20世纪50年代初期借用俄语的语言学术语而出现的一个新名称。因此，它的指称范围在语言学界的认识并不一致。有的认为它是口语色彩较浓的固定词组，多具有比喻意义。有的认为它不仅包括固定词组，还包括更大范围的语言结构甚至句子。我倾向于后者，因此本书所收的惯用语也较一般相关书籍宽泛一些，不只有习惯性的短语结构，还有习惯性的常用句子。我同意有的学者的意见，认为谚语也属于俗语，所以本套书未设俗语分册。那么，谚语与结构为句子的惯用语有何区别呢？就看它是否表达了一个深刻的道理。表达了深刻道理的，如"天热人又闷，下雨不用问""投亲不如访友，访友不如住店"就是谚语；不直接表达深刻道理的，如"扒绝户坟，踢寡妇门""不是脑袋疼，就是屁股疼"就是惯用语。惯用语从表现形式上看，有的用的是比喻方式，有的用的是形容夸张，还有的这两种情况都不是，但它们都是语言使用上的习惯性的说法和表达方式，而且它们在使用上的复呈性都是很高的。

我是一个有几十年教龄的对外汉语教学教师，从我多年的教学经验得知，这些我们习焉不察的、语言使用上复呈性非常高的语句结构，这些语言表达上具有民族性的东西，对于学习

汉语的外国朋友是非常重要的,也是他们难于掌握和运用的。因此,这本小书除了本套书的总编写宗旨外,还有一个供外国人学习汉语参考之用的目的。希望它对学习北京话的外国朋友也能提供一定的帮助!

作　者

2017 年 11 月 13 日

目　　录

《北京歌谣熟语集释》总序　　/1

关于《北京惯用语集释》　　/3

条目首字索引　　/1

A	/1
B	/3
C	/18
D	/31
E	/46
F	/47
G	/50
H	/60
J	/68
K	/78
L	/81
M	/92
N	/101
P	/107
Q	/111
R	/119
S	/124
T	/143
W	/151
X	/157
Y	/165
Z	/192

注释词语索引　　/206

条目首字索引

A

哎　（1）
挨　（1）
矮　（1）
按　（1）
熬　（2）

B

八　（3）
扒　（4）
拔　（4）
把　（5）
瓣　（6）
白　（6）
百　（6）
扳　（6）
板　（7）
办　（7）
半　（7）
梆　（8）
包　（8）
抱　（8）

背　（8）
笨　（9）
鼻　（9）
比　（9）
笔　（10）
避　（11）
别　（11）
不　（11）

C

踩　（18）
苍　（18）
藏　（18）
操　（18）
插　（19）
差　（19）
拆　（19）
柴　（19）
常　（19）
唱　（20）
朝　（20）
车　（20）

北京惯用语集释

扯	（20）	D	
陈	（20）	打	（31）
趁	（20）	大	（35）
撑	（21）	待	（38）
成	（21）	逮	（38）
秤	（21）	戴	（38）
吃	（21）	担	（39）
翅	（26）	当	（39）
充	（26）	刀	（40）
重	（26）	倒	（40）
丑	（26）	到	（40）
出	（26）	倒	（40）
揣	（27）	得	（41）
穿	（27）	德	（41）
船	（27）	蹬	（41）
喘	（27）	等	（42）
窗	（28）	低	（42）
吹	（28）	提	（42）
戳	（28）	地	（42）
瓷	（28）	掉	（42）
此	（28）	钉	（42）
聪	（28）	顶	（42）
粗	（29）	定	（43）
撺	（29）	丢	（43）
蹿	（29）	东	（43）
存	（29）	冬	（44）
矬	（29）	都	（44）
错	（30）	斗	（44）

2

- 条目首字索引 -

抖　（44）
独　（44）
堵　（45）
肚　（45）
多　（45）
躲　（45）

　　　E
摁　（46）
耳　（46）
二　（46）

　　　F
翻　（47）
防　（47）
房　（47）
放　（47）
肥　（48）
废　（48）
费　（48）
分　（48）
风　（48）
扶　（49）
富　（49）

　　　G
该　（50）
盖　（50）
干　（50）

赶　（51）
干　（51）
刚　（51）
高　（51）
告　（51）
胳　（52）
搁　（52）
嗝　（52）
各　（52）
硌　（52）
给　（53）
跟　（53）
公　（54）
恭　（54）
钩　（54）
狗　（54）
够　（55）
顾　（56）
瓜　（56）
刮　（56）
挂　（56）
关　（56）
官　（57）
管　（57）
光　（57）
贵　（58）
过　（58）

H

蛤 （60）
还 （60）
寒 （61）
好 （61）
耗 （62）
喝 （62）
黑 （63）
含 （63）
恨 （63）
横 （64）
胡 （64）
虎 （65）
滑 （65）
话 （65）
怀 （65）
皇 （65）
黄 （65）
浑 （66）
混 （66）
活 （66）
火 （67）

J

饥 （68）
鸡 （68）
急 （69）
几 （69）
挤 （69）
记 （69）
加 （69）
家 （69）
肩 （70）
捡 （70）
见 （70）
浇 （71）
焦 （71）
嚼 （72）
脚 （72）
叫 （73）
接 （73）
揭 （73）
隔 （74）
解 （74）
借 （74）
今 （74）
金 （74）
劲 （75）
经 （75）
井 （75）
敬 （75）
揪 （75）
九 （76）
旧 （76）
就 （76）
锯 （76）

卷 （76）
撅 （76）

K

看 （78）
糠 （79）
靠 （79）
可 （79）
空 （79）
抠 （80）
哭 （80）
胯 （80）
快 （80）

L

拉 （81）
来 （82）
拦 （83）
褴 （83）
狼 （83）
老 （83）
姥 （85）
勒 （85）
雷 （86）
哩 （86）
里 （86）
俩 （86）
连 （86）

脸 （87）
良 （88）
两 （88）
亮 （88）
撂 （88）
瞭 （89）
烈 （89）
零 （89）
溜 （89）
留 （89）
六 （90）
露 （90）
鲁 （90）
驴 （90）
乱 （91）
捋 （91）
萝 （91）

M

抹 （92）
麻 （92）
骂 （92）
买 （92）
卖 （93）
满 （93）
漫 （94）
忙 （94）
猫 （95）

北京惯用语集释

冒	（95）	盼	（108）
没	（95）	披	（108）
眉	（99）	赔	（108）
面	（99）	盆	（108）
摸	（99）	碰	（109）
磨	（99）	皮	（109）
磨	（100）	屁	（109）
		平	（109）
N		破	（109）
拿	（101）		
哪	（102）	**Q**	
男	（102）	七	（111）
脑	（102）	欺	（112）
闹	（103）	骑	（112）
哪	（103）	起	（112）
脓	（104）	气	（113）
能	（104）	千	（113）
你	（104）	牵	（114）
蔫	（106）	前	（114）
年	（106）	钱	（115）
您	（106）	枪	（116）
牛	（106）	墙	（116）
		抢	（116）
P		瞧	（116）
爬	（107）	亲	（117）
怕	（107）	青	（117）
拍	（107）	清	（117）
攀	（108）	晴	（117）

6

- 条目首字索引 -

穷　（117）
求　（117）
觑　（118）
全　（118）
缺　（118）
瘸　（118）

R

让　（119）
绕　（120）
惹　（120）
热　（120）
人　（121）
扔　（122）
肉　（122）
软　（123）

S

仨　（124）
三　（124）
杀　（126）
傻　（127）
上　（127）
烧　（129）
舌　（130）
舍　（130）
谁　（130）
伸　（131）

身　（132）
深　（132）
什　（132）
神　（133）
生　（133）
圣　（133）
狮　（133）
十　（133）
拾　（134）
食　（134）
屎　（134）
是　（134）
手　（135）
守　（136）
受　（136）
属　（136）
树　（136）
耍　（137）
甩　（137）
水　（137）
睡　（138）
顺　（138）
说　（138）
撕　（140）
死　（140）
四　（141）
酸　（142）
岁　（142）

T		W	
他	（143）	挖	（151）
抬	（143）	歪	（151）
太	（144）	弯	（151）
贪	（144）	碗	（151）
坛	（144）	万	（151）
汤	（144）	王	（152）
糖	（144）	往	（152）
躺	（144）	忘	（152）
掏	（145）	往	（153）
逃	（145）	围	（153）
踢	（145）	卫	（153）
提	（145）	为	（154）
天	（145）	蚊	（154）
舔	（147）	我	（154）
笤	（147）	乌	（155）
跳	（147）	屋	（155）
贴	（147）	无	（155）
铁	（147）	五	（156）
听	（148）	捂	（156）
捅	（149）	X	
头	（149）	西	（157）
土	（150）	熄	（157）
吐	（150）	习	（157）
兔	（150）	细	（157）
推	（150）	瞎	（157）

下　（158）
先　（158）
掀　（159）
闲　（159）
咸　（159）
现　（159）
想　（159）
像　（160）
小　（161）
鞋　（161）
心　（161）
新　（163）
行　（163）
省　（163）
行　（163）
修　（163）
袖　（164）
绣　（164）

Y

压　（165）
鸦　（165）
牙　（165）
烟　（165）
言　（166）
盐　（166）
阎　（166）
眼　（166）
演　（169）
咽　（169）
燕　（169）
羊　（170）
养　（170）
吆　（170）
摇　（170）
咬　（171）
要　（171）
也　（171）
一　（172）
衣　（183）
寅　（183）
鹰　（183）
蝇　（183）
硬　（183）
用　（184）
油　（184）
有　（184）
又　（189）
鱼　（190）
榆　（190）
雨　（190）
冤　（190）
原　（190）
圆　（191）
越　（191）

9

Z

扎	(192)	睁	(198)
再	(192)	蒸	(198)
在	(192)	支	(199)
凿	(193)	吱	(199)
早	(193)	知	(199)
灶	(193)	只	(199)
贼	(193)	治	(199)
怎	(194)	种	(200)
乍	(194)	重	(200)
沾	(194)	煮	(200)
粘	(194)	住	(200)
占	(194)	抓	(200)
站	(194)	髽	(200)
张	(195)	拽	(201)
长	(195)	转	(201)
仗	(195)	装	(201)
招	(196)	撞	(201)
着	(195)	拙	(201)
找	(196)	自	(201)
照	(197)	走	(202)
折	(197)	钻	(202)
褶	(197)	嘴	(202)
这	(197)	嘬	(204)
针	(197)	左	(204)
真	(198)	坐	(204)
争	(198)	做	(205)

A

⭐ 哎呦嚋！
【简析】惊叹语（青年人喜用）。

⭐ 哎呦喂！
【简析】惊叹语（青年人喜用）。

⭐ 挨狗屁呲儿
【简析】比喻遭到了无端的批评与斥责。

⭐ 挨墙靠北儿
【简析】也说"贴墙靠北儿"。形容用具等放得位置合适。

⭐ 矮半截儿
【简析】比喻低人一等。

⭐ 按下葫芦起来瓢
【简析】比喻问题纠缠很多方面，解决了一方面的问题，又带出了另一方面的问题。

北京惯用语集释

⭐ **熬干灯了**

【简析】比喻一个人的体力、精力已经耗尽,已经到了生命垂危的时候。

B

⭐ 八百辈子
【简析】形容极长的时间。

⭐ 八百六十遍
【简析】形容次数极多。

⭐ 八百年的狗屎橛子，还想舔舔！
【简析】讥讽某人提毫无重提意义的陈年旧事，骂人翻陈年旧账。

⭐ 八拜都拜了，就差一哆嗦了
【简析】形容事情只差最后一步就完成了。

⭐ 八不挨
【简析】比喻所说的事跟任何方面都没有关系。

⭐ 八竿子打不着
【简析】比喻极其远的亲戚关系。

北京惯用语集释

⭐ 八竿子搦撸①不着

【注释】①搦撸(húlu)：握住棍状物的一端，另一端左右晃动、触碰。

【简析】同"八竿子打不着"。

⭐ 八面儿不落人儿

【简析】形容各方都不满意，都不说好。

⭐ 八面儿见光

【简析】比喻言语周到、严密。

⭐ 八字儿还没一撇儿呢！

【简析】比喻事情还没有一点儿眉目。

⭐ 扒绝户①坟，踢寡妇门

【注释】①绝户(juéhu)：旧指一辈子没有儿子的人或人家。

【简析】比喻专干欺凌弱者的缺德事。

⭐ 拔不出腿来

【简析】比喻事情太忙离不开身，或遇到了麻烦事摆脱不开。

⭐ 拔根寒毛①，比我们的腰还粗！

【注释】①寒毛：人体皮肤表面上的细毛。

【简析】比喻对方的财力雄厚（多在祈求别人经济帮助时用）。

⭐ 拔喽萝卜地皮宽

【简析】比喻排除了异己，自己的位子就稳当了，行为就方便了。

⭐ 把鼻子气歪了

【简析】形容被气得很厉害。

⭐ 把馋虫勾出来了

【简析】比喻使人产生了极想吃的欲望。

⭐ 把吃奶的劲都使出来了

【简析】形容用的力气极大或极其费力。

⭐ 把话说开喽

【简析】指把各自的观点、看法、想法摆明。

⭐ 把人看扁了

【简析】形容极看不起人（多指某人小看自己）。

⭐ 把着手儿教

【简析】形容极其认真负责地一对一教授。

⭐ 把抓心挠的

【简析】形容心中十分不安稳。

北京惯用语集释

⭐ 把自个儿当根儿葱

【简析】用于讥讽某人把自己当成了重要人物。

⭐ 掰不开镊子

【简析】形容一个人手笨。有时也形容一个人头脑不聪明、不灵活,对某个问题理解不了。

⭐ 白刀子进去,红刀子出来

【简析】威胁语。意思是,我要跟你拼命。

⭐ 白脸儿狼

【简析】比喻毫无心肝的人。

⭐ 白让你披一张人皮了

【简析】骂人枉为人,说出的话不是人话,做出的事不是人事。

⭐ 百①么儿②不懂

【注释】①百:形容极多。②么儿(már):什么。
【简析】形容某人什么都不懂(多指事理方面)。

⭐ 百么儿不是

【简析】1.(做得)不像任何东西。2.所有方面都做得不好。

⭐ 扳茬子

【简析】比喻拿出某笔花销的钱来非常吃力。

B

⭐ 扳倒醋缸了

【简析】比喻某人醋意大发。

⭐ 板上钉钉的事

【简析】比喻定而不移的事,不可改易的事。

⭐ 板上钉钉了

【简析】比喻事情十分有把握办成了,不会有什么变化了。

⭐ 办事的衙役[①]

【注释】①衙役:旧时衙门里的差役。
【简析】比喻真正办事的人(多用于否定形式)。

⭐ 半道儿杀出个程咬金[①]来

【注释】①程咬金:唐初名将。在某些历史小说中,被描写成鲁莽人物。
【简析】比喻出现了意外的人为干扰。

⭐ 半截子入土了

【简析】比喻人生已经过了一半,多指已经年过五十岁。意思是,不会再有什么大的作为了。

⭐ 半路儿出家[①]

【注释】①出家:到庙宇去当和尚或尼姑。
【简析】比喻进入中年以后才中途改行或学习某种技艺。

北京惯用语集释

⭐ **梆子儿似的**
【简析】形容口齿利索,说话声音清脆(用于孩童)。

⭐ **包葫芦头**
【简析】比喻包下剩余的部分。

⭐ **抱粗腿**
【简析】比喻攀附有权有势的人。

⭐ **抱空窝**
【简析】1.母鸡不是孵鸡而多次长时间卧窝(多出现于炎热的夏季)。2.比喻女人所生的孩子已经死掉而在家坐空月子休息。3.有时也比喻徒劳无功。

⭐ **背黑锅**
【简析】比喻因某事遭受冤枉,担负不应担负的罪名。

⭐ **背炕坯**
【简析】1.骂人在炕上躺着撒懒儿。2.北京地区旧俗,人在咽气以前,应该从炕上抬到床上。如果死在炕上,就叫背炕坯,而迷信认为这样就不会托生了。

⭐ **背住扣儿了**
【简析】比喻思绪不畅,很容易想明白的事情却想不明白。

⭐ 笨鸟儿先飞
【简析】比喻自知能力较弱而比别人先行一步。

⭐ 鼻涕脓带①一把泪
【注释】①脓带（néngdai）：北京方言。鼻涕。
【简析】形容哭得很厉害。

⭐ 鼻涕一把，泪一把
【简析】形容哭得很厉害。

⭐ 鼻子不是鼻子，脸不是脸
【简析】形容人非常生别人气时面部难看的样子。

⭐ 鼻子底下有嘴
【简析】比喻不知道没关系，可以打听。

⭐ 鼻子是鼻子，眼儿是眼儿
【简析】形容容貌好看（多用于年轻姑娘）。

⭐ 比粗腿
【简析】比喻比钱财、比经济实力。

⭐ 比登天还难
【简析】形容事情非常难于办到。

北京惯用语集释

⭐ **比猴儿少身毛**
【简析】形容某人聪明、机敏、狡黠。

⭐ **比①葫芦画瓢**
【注释】①比：比照。
【简析】比喻照着某个样子做，没有创新。

⭐ **比你多吃几年咸盐！**
【简析】意思是，比你大几岁，比你懂得多些。

⭐ **比上不足，比下有余**
【简析】指比好的比不上，比差的还好些。说明居于中等。

⭐ **比梢门①桩子②多俩耳头**
【注释】①梢门：用秫秸或树的枝条做的院门。中间有一横木，一端连接立轴，一端有一直立的木桩，门可以作扇形转动，别在木桩里即关上，抬离木桩转回即打开。②桩子：木桩。
【简析】比喻人愚钝、木讷。

⭐ **比死人多口气儿**
【简析】形容人木讷、呆笨，做事能力低下，不会见机行事。

⭐ **笔管儿条直**
【简析】比喻管束严格，被管束者不敢有丝毫越轨行为。

⭐ 避猫鼠儿似的

【简析】像躲避猫的老鼠似的。形容非常害怕的样子。

⭐ 别跟我玩儿哩格儿楞[①]！

【注释】①哩格儿楞（līgerlēng）：拟声词。京剧演唱时胡琴的过门儿声。

【简析】意思是，别跟我说动听却无用的话！

⭐ 别拿窝头[①]不当干粮[②]！

【注释】①窝头：用玉米面或高粱面蒸成的食品，近似于塔形，下面有窝儿。②干粮（gānliang）：预先做好的、供外出食用的主食，如烙饼、饼子、窝头、糊饼等。

【简析】意思是，别小瞧人！

⭐ 别拿武大郎[①]不当神亲[②]！

【注释】①武大郎：明代白话小说《水浒传》中的一个本分而懦弱的人物。②神亲：神，神仙。

【简析】同"别拿窝头不当干粮"。

⭐ 不挨骂，长不大

【简析】指责某人总是做找骂的事。意思是，你不挨骂活不了。

⭐ 不比别人矮半截儿

【简析】比喻不比任何人差。

北京惯用语集释

⭐ 不比不知道,一比吓一跳
【简析】两相比较,才知道自己跟人家差距很大。

⭐ 不当饭吃
【简析】比喻做某事多了无益,应该适可而止。

⭐ 不到黄河不死心
【简析】比喻为追求某个目的顽强、执着的态度和决心。

⭐ 不到火候儿①不揭锅②
【注释】①火候儿(huǒhour):做饭菜时火力的大小和时间的长短。②揭锅:出锅。
【简析】比喻时机不成熟时不急于采取行动。说明做事要掌握时机。

⭐ 不得烟儿抽
【简析】比喻一个人在一个家庭或一个集体中处于受气的地位。

⭐ 不费吹灰之力
【简析】形容办某事轻而易举,毫不费力。

⭐ 不舡鱼①,不鲇鱼
【注释】①舡鱼(gǎyu):黄腊丁儿鱼。
【简析】形容不言语、不告诉,默不作声。

- B -

⭐ **不够塞牙缝儿的**
【简析】形容食物极少，一吃就完。

⭐ **不管三七二十一**
【简析】"三七二十一"是珠算的一句乘法口诀。此处指一概不理会，不顾及。

⭐ **不忌生冷**
【简析】（病中或愈后）生的和冷的食物都可以吃。比喻某人不懂远近亲疏，不知道谁对他好，谁对他不好，听不出好赖话。

⭐ **不见棺材不落泪**
【简析】比喻为人固执、顽固，即使事实早已如此，可是不到万不得已依然不愿承认。

⭐ **不见兔子不撒鹰**
【简析】比喻没有确实把握绝不出钱出物。

⭐ **不看僧面看佛面**
【简析】意思是，不看某人的面子，也要看另一个人的面子。

⭐ **不能登大雅之堂**
【简析】比喻话语粗俗，或艺术作品格调低下、内容低俗等。

北京惯用语集释

⭐ 不怕大风扇①了舌头!

【注释】①扇(shān):皮肤在潮湿的情况下遇冷空气而冻得皲裂。

【简析】用于讥讽别人说大话、胡乱吹嘘。

⭐ 不杀穷人没饭吃

【简析】此处的"杀"意为坑害,即不坑害百姓日子就过不下去。这是对贪官污吏、奸商或为富不仁者的愤慨语。

⭐ 不是好鸟儿

【简析】比喻不是好东西。

⭐ 不是脑袋疼,就是屁股疼

【简析】形容一个人小病儿不断。也形容一个人经常以身体各种不适为借口,躲避艰苦的劳动或工作。

⭐ 不是闹着玩儿的

【简析】告诫语。指此事不可轻视、马虎,必须慎重对待,否则容易引起事端。

⭐ 不是善茬儿

【简析】用于说明某人:1.不是好惹的人。2.特别能干的人。

⭐ 不是善主儿

【简析】同"不是善茬儿"。

⭐ 不是省油的灯

【简析】比喻不是好惹的人（多用于女性）。

⭐ 不是鱼死，就是网破

【简析】比喻要拼个你死我活的决心。

⭐ 不是滋味儿

【简析】有三层意思：1.味道不对。2.心里觉得不好受。3.心里对某事觉得屈辱或不平。

⭐ 不死，也得褪层皮

【简析】形容身体受到的伤害极其严重。

⭐ 不问青红皂①白

【注释】①皂：黑色。
【简析】比喻不问是非曲直。

⭐ 不显山，不露水儿

【简析】比喻事情办得隐蔽，不露任何迹象。

⭐ 不蒸馒头，争口气

【简析】指要争气（多用于长辈的嘱咐或亲人的要求）。

⭐ 不知道吃几碗干饭

【简析】比喻忘乎所以，对自己没有一个正确的评价。

不知道东南西北
【简析】指晕头转向。比喻遇到好事忘乎所以。

不知道马王爷①几只眼
【注释】①马王爷：神话传说中的人物。
【简析】比喻你不知道我是谁，不知道我的厉害。

不知道哪块云彩有雨
【简析】比喻拿不准投靠谁能够给自己带来好处，不知道押哪注好。

不知道哪头儿炕①热
【注释】①炕（kàng）：用坯或砖垒成的供睡觉用的台子。上面铺苇席，下面有孔道，一端跟锅腔子相连，一端跟房屋的烟囱相连。柴灶烧火时，热可以从下面随烟通过。
【简析】比喻犹豫不决，两件事情不知道做哪件事情好。有时也指拿不定主意，不知道投奔哪一方好，跟哪一方合作好。

不知道他葫芦里卖的什么药？
【简析】比喻弄不清楚他到底想干什么。

不知道死的鬼儿！
【简析】不知道自己已经死亡做了鬼。比喻境遇已经十分不好却还感觉不到，依然盲目、快乐的生活。

⭐ 不知道天高地厚！

【简析】比喻某人忘乎所以、不自量力，想法、希望都脱离实际。

⭐ 不撞南墙不回头

【简析】比喻为人固执、顽固，做事情不碰壁决不回心转意。

C

⭐ 踩鸡脖子了

【简析】比喻某人唱歌时唱出的声音嘶哑刺耳。

⭐ 踩着别人肩膀儿往上爬

【简析】比喻为了自己名誉、地位的提升,不惜贬损周围的人。

⭐ 苍蝇蚊子都是肉

【简析】比喻好处虽然不大,但毕竟是好处,也应该要而不应该舍去。

⭐ 藏着乖的卖傻的

【简析】比喻心里非常清楚明白,却假装糊涂。

⭐ 操心不怕白头发

【简析】讥讽某人操不必要的心,关心与己无关的事。

⭐ 插圈儿弄套儿

【简析】指耍阴谋、弄诡计,搞欺骗的勾当。

⭐ 插一杠子

【简析】比喻不该参与的人却中途参与。

⭐ 差十万八千里

【简析】形容相差极多。

⭐ 拆东墙,补西墙

【简析】比喻用当前筹借来的钱物来偿还旧有的欠账。

⭐ 拆鱼头

【简析】比喻处理、解决麻烦的问题。

⭐ 柴米油盐的

【简析】比喻日常生活琐事。

⭐ 柴米油盐酱醋茶

【简析】泛指一个家庭过日子的日常生活必需品。

⭐ 常赶集,还碰不见亲家①?

【注释】①亲家(qìngjia):儿子的岳父、岳母或女儿的公公、婆婆与自己为亲家关系,也互称亲家。

【简析】比喻经常做坏事,早晚得让人发现。

北京惯用语集释

⭐ 唱的哪一出[1]？

【注释】①出：戏曲量词。一个独立剧目叫一出。

【简析】比喻不知道某人到底想干什么。

⭐ 唱咿儿呀呦

【简析】形容遇有好事而高兴得意的样子。

⭐ 朝前欠欠身子儿

【简析】1. 轻微的还礼姿势。2. 婉指寡妇改嫁。

⭐ 朝前走

【简析】婉指寡妇改嫁。

⭐ 车轱辘话

【简析】比喻反反复复重复的话。

⭐ 扯老婆舌头

【简析】比喻传闲话，搬弄是非（多用于妇人）。

⭐ 陈谷子，烂芝麻

【简析】比喻过去的、没有什么价值的琐事。

⭐ 趁热锢漏[1]锅

【注释】①锢露（gùlou）：通过铜溶液的冷却把住锅的裂口。

【简析】同"趁热儿打铁"。

- C -

⭐ **趁热儿打铁**
【简析】比喻抓住时机做某事。

⭐ **撑死人，别占盆**
【简析】讥讽人吃饱还吃。

⭐ **成事不足，败事有余**
【简析】把事情办成功不容易，把事情办坏却是常事。指某人办不了事。

⭐ **秤平斗满不亏人**
【简析】此为商业用语。"秤平斗满"，指分量足够。意思是，要公平交易，不能亏待买东西的人。

⭐ **吃百家饭，穿百衲衣①**
【注释】①百衲衣（bǎinàyī）：泛指补丁很多的衣服。
【简析】指过乞讨的生活。

⭐ **吃饱混天黑**
【简析】形容一个人整天混日子，无所事事。

⭐ **吃不了，兜着走**
【简析】比喻出了问题难于承担责任。

⭐ **吃葱、吃蒜，不吃姜**
【简析】"姜"与"将"谐音。比喻当别人用言语刺激、怂

恿时有分辨能力，不上别人激将法的当。

⭐ **吃饭的家伙**
【简析】比喻头颅（多用于谈到有杀头危险的话题时）。

⭐ **吃饭时得跟着个小鸡子**
【简析】用于说某人吃饭时有遗撒饭屑米粒的毛病。

⭐ **吃瓜络儿**
【简析】比喻受牵累、连累。

⭐ **吃耗子药啦？**
【简析】同"吃枪药啦"。

⭐ **吃喝嫖赌抽，坑蒙拐骗偷**
【简析】此语概括了社会上人的主要不良行为。如果一个人这些方面都占全了，就成社会渣滓了。

⭐ **吃黑枣儿，吐山里红**①
【注释】①山里红（shānlihóng）：山楂。
【简析】比喻挨枪子儿。

⭐ **吃红肉，拉白屎**
【简析】比喻人净干坏事，不干好事。

⭐ 吃后悔药儿
【简析】比喻事后才悔悟不该如此。

⭐ 吃几碗干饭
【简析】比喻有多大本事。

⭐ 吃了定心丸了
【简析】比喻得到了能使思想或情绪安定下来的允诺或答案。

⭐ 吃了横人肉了
【简析】用于说某人说话态度极其蛮横无理。

⭐ 吃了蜜蜂儿屎似的
【简析】形容某人对某事十分着迷,一门心思想做某事。

⭐ 吃了上顿儿,没下顿儿
【简析】形容生活拮据,日子过得艰难,经常没饭吃。

⭐ 吃了熊心豹子胆了
【简析】比喻胆大妄为。

⭐ 吃凉不管酸
【简析】比喻在家庭中当甩手掌柜的,什么事情也不管(多用于男主人)。

北京惯用语集释

⭐ 吃了五谷想六谷
【简析】形容贪吃嘴馋，只知道算计吃喝。

⭐ 吃猫儿食
【简析】比喻某人的饭量极小。

⭐ 吃鸟枪药啦？
【简析】同"吃枪药啦"。

⭐ 吃枪药啦？
【简析】反诘语。指斥别人言辞、语气生硬，抢白人、故意抬杠等。

⭐ 吃人饭，不拉人屎
【简析】形容某人一点儿好事不做，净做伤天害理的事。

⭐ 吃软不吃硬
【简析】比喻一个人的性格特点，可以通过说好话、求饶等使他缓和下来，从而使问题得以解决；如果用威胁的方式，他不但不会怕，反而会变得更加强硬，从而使问题更加不好解决。

⭐ 吃屎的孩子
【简析】比喻年幼无知的儿童。意思是，不必跟其计较。

- C -

⭐ 吃树熟儿①

【注释】①树熟儿（shùshóur）：在树上就已熟透的果实。
【简析】比喻不付出任何劳动，坐等享受别人的劳动成果。

⭐ 吃顺不吃戗

【简析】只爱听赞扬的话、恭维的话，听不得逆耳之言。所谓顺毛驴子的性格。

⭐ 吃香的，喝辣的

【简析】"香的"，指肉食。"辣的"，指美酒。形容某人生活水平高，生活优越，平日吃得好。

⭐ 吃鸭蛋

【简析】比喻考试得零分儿。

⭐ 吃哑巴亏

【简析】形容明明吃了亏，但说不出来。

⭐ 吃一看二眼观三

【简析】形容某人贪欲无止境。有时，也形容某人吃饭时的菜肴丰盛，有的根本动不着筷子，看看而已。

⭐ 吃着碗里的，看着锅里的

【简析】比喻某人两方面的好处哪一方面也不肯放过，非常贪心。有时也指某人在爱情方面不专一。

北京惯用语集释

⭐ 吃着自家的饭,替人家赶①獐子②

【注释】①赶:追赶。此处特指捕猎。②獐子(zhāngzi):一种野生的哺乳动物,外形像鹿而较鹿小。

【简析】比喻放着自家的事情不做,去替别人做事。

⭐ 翅膀儿硬了

【简析】雏鸟翅膀儿硬了,离窝飞走去独立觅食了。比喻可以不依赖、仰仗别人了(多用于说自己的孩子。有贬义)。

⭐ 充①大头儿蒜

【注释】①充:装作。

【简析】同"充大尾巴鹰"。

⭐ 充大尾巴鹰

【简析】比喻某人装模作样,本来没本事介入某事,却装作有本事的样子。

⭐ 重新打鼓另开张

【简析】比喻从头儿重新开始。

⭐ 丑话说在前头

【简析】在共同做一件事情之前,先把一些条件讲清楚,以免将来出现不愉快。有时也用于事先提醒。

⭐ 出幺蛾子①

【注释】①幺蛾子(yāo'ézi):骨牌的一张,即幺三。三个点儿斜着，形似蛾子的翅膀，故名。

【简析】用骨牌玩儿顶牛儿时，如果出幺蛾子，常常形成各家都上不去牌的情况。因此，"出幺蛾子"常用来比喻节外生枝，故意进行干扰。

⭐ 揣着明白装糊涂

【简析】指假装糊涂。

⭐ 穿到二屋里去了

【简析】大人对小孩儿说的诙谐玩笑话。用于小孩儿自己学穿衣服时伸袖子或伸裤腿儿伸错了。

⭐ 穿上兔子鞋了

【简析】讥讽某人遇到对自己不利的事情逃跑得很快。

⭐ 穿一条裤子

【简析】形容两人关系非常好（含贬义）。

⭐ 船到码头车到站

【简析】比喻刚刚达到某个目的就再也不思进取的思想和生活态度。

⭐ 喘气儿的工夫儿都没有

【简析】形容时间安排得非常紧，十分忙碌，没有一点儿休息时间。

北京惯用语集释

⭐ **窗户纸儿一捅就破**
【简析】比喻大家都不愿说破的事情,只要简单一说就明。

⭐ **吹灯拔蜡了**
【简析】比喻某人已经死亡或某股势力已经完蛋。

⭐ **吹胡子瞪眼**
【简析】形容对晚辈或下级生气、发脾气、耍威风的样子。

⭐ **戳了肺管子了**
【简析】形容损伤了某人最心疼的东西,触及了某人最在意的地方。

⭐ **瓷公鸡、铁仙鹤①、玻璃耗子、琉璃猫**
【注释】①鹤:北京地区白读音念 háo。
【简析】这些东西身上都没有毛,隐含"一毛不拔"之意。用于形容一个人极其吝啬。

⭐ **此处不留爷①,自有留爷处**
【注释】①爷:成年男子的自称,相当于"我"(有骄横的语气)。
【简析】意思是,我这里不能待,可以到别的地方去。

⭐ **聪明一世,糊涂一时**
【简析】指某人犯了一时糊涂。

⭐ 粗脖子红筋

【简析】形容人生气时大怒的样子。

⭐ 撺掇①秃老婆上轿

【注释】①撺掇（cuānduo）：鼓动，怂恿。
【简析】比喻怂恿人做傻事。

⭐ 蹿鞭杆子

【简析】戏指急遽地腹泻。

⭐ 蹿檐子①了

【注释】①檐子（yánzi）：此处指房檐儿。
【简析】比喻动怒了，发火儿了。

⭐ 存不住隔夜的屁

【简析】讥讽某人不知道存东西，有食物就想马上消费掉，有事情就想马上告诉别人知道。

⭐ 矬①老婆高声

【注释】①矬（cuó）：（身材）矮。
【简析】用于讥讽或斥责某人说话声音过大。

⭐ 矬子①里拔②将军

【注释】①矬子：矮子。②拔：选拔。
【简析】比喻在不够条件的一群人中选一个最好的。

⭐ **错翻眼皮了**

【简析】意思是，你看错了人，本人不是你好蒙骗、好欺负的。

⭐ **错窝儿不下蛋**

【简析】比喻总是习惯于在一个地方工作，换个地方就不习惯（用于讥讽）。

D

☆ 打把式

【简析】1. 练武术。2. 比喻睡觉时胳膊、腿乱伸乱动。

☆ 打①膀子拉②胯

【注释】①打：磨。②拉：抻拉。

【简析】"打膀子拉胯"，指牲口干活时因套缨子或套不合适而把肩部磨坏，胯部因抻拉受了外伤。形容一个集体的成员组成不整齐，老弱病残什么人都有。

☆ 打不着狐狸惹一身臊

【简析】同"没打着狐狸，倒惹一身臊"。

☆ 打不过鬏儿①，绾不过纂②儿来

【注释】①鬏儿（jiūr）：小的发髻。②纂（zuǎn）：指妇女绾在头后脖子上的扁圆状发髻。

【简析】原指妇女头发稀少。比喻收入过少，难于应付各项日常开销。

北京惯用语集释

☆ 打出活人脑子[①]来了

【注释】①脑子：脑髓。

【简析】形容双方打架打得很厉害，已经动起了棍棒，互相打得头破血流。

☆ 打出脑浆子[①]来了

【注释】①脑浆子（nǎojiāngzi）：颅骨破裂时流出来的脑髓。

【简析】同"打出活人脑子来了"。

☆ 打错了算盘

【简析】比喻算计错了。

☆ 打掉牙往肚子里咽

【简析】比喻受了委屈不敢声张，只能忍气吞声。

☆ 打个比方说

【简析】谈话当中的引导语，为了引出具体的例证。

☆ 打狗还得看主人呢！

【简析】比喻看在其主人或上司的面子上，对其不应该惩戒或欺负。

☆ 打了个花虎哨

【简析】比喻略微露面敷衍应付了一下。

- D -

⭐ 打开鼻子说亮话

【简析】同"打开天窗说亮话"。

⭐ 打开天窗说亮话

【简析】比喻说事情要直截了当,不必绕弯打曲。

⭐ 打老鼠伤了玉瓶

【简析】比喻本来是为防范、惩戒坏人却影响了好人。

⭐ 打了头场①没头场

【注释】①头场(tóucháng):收割下来的稼禾一般要在场上轧三次脱粒,第一次轧叫打头场。

【简析】比喻不抓住这个好机会就再也不会有这样的好机会了。

⭐ 打骡子马惊

【简析】比喻惩处某个人而让周围的人害怕。

⭐ 打人一拳,还你一脚

【简析】意思是,你打别人,小心别人会给予反击。

⭐ 打入十八层地狱

【简析】佛教认为,人死后有的可以升入天堂,有的要下地狱。地狱一共有十八层,下到第十八层地狱是最严厉的惩罚,并且不能托生。比喻被降到了最低地位。

打水漂儿①

【注释】①打水漂儿（dǎ shuǐpiāor）：侧身用一只手用力把陶瓷片儿在水面上向前抛，使水面上溅起一连串水花儿。

【简析】比喻毫无意义地花费钱。

打死卖盐的啦！

【简析】戏指某人烹调时盐放得过多，致使菜肴过咸。

打退堂鼓

【简析】古代官吏退堂时要打鼓。比喻参与某事时改变主意，中途退出。

打下江山杀韩信①

【注释】①韩信：汉初军事家。在楚汉之争中，屡建战功。汉朝建立后，被封为楚王。后因有人告其谋反，被萧何与吕后定计杀害。

【简析】比喻用完人后一脚踢开。类似于"卸磨杀驴"。

打眼框子活

【简析】在明处做别人看得见的活儿。比喻某人奸猾，凡做了以后别人看不见的活儿就不干。

打野食儿

【简析】比喻男人在外搞婚外情。

- D -

⭐ **打一巴掌揉三揉**

【简析】比喻把人整得够呛以后再加以安抚。这是握有一定权势者的一种卑劣权谋。

⭐ **打一巴掌又给个甜枣儿吃**

【简析】比喻把人整得够呛以后再用小恩小惠加以抚慰。

⭐ **打油的钱不买醋**

【简析】比喻专款专用,不可做其他花销。

⭐ **打着灯笼儿也没地界儿找去**

【简析】比喻人非常好,少有,难得。常用于说媳妇儿优秀。

⭐ **打肿脸充胖子**

【简析】比喻本来没钱,却还装出富有的架势大把花钱。

⭐ **打坐坡**

【简析】1.指骡、马、驴等驾车从陡坡向下走时身体向后用力(避免因冲力翻车或自己受伤)。2.比喻人不接受帮助,自己努力上进。

⭐ **大白脸**

【简析】比喻脸皮厚的人。

⭐ 大白天，说梦话

【简析】比喻一个人想望根本不能实现的事情。这是"白日做梦"的通俗说法。

⭐ 大处不算，小处算

【简析】大宗开销不经心算计，小笔开销却精打细算。形容人在理财上本末倒置，不会过日子。

⭐ 大处着眼，小处着手

【简析】指做事首先要目光远大，着眼于大局、全局，但具体做起来就要脚踏实地地从小处做起。

⭐ 大道青天，各走一边

【简析】用于说双方没有任何关系，谁也别干涉谁，或分道扬镳。

⭐ 大囤儿满，小囤儿流

【简析】大小粮食囤都装得满满的。形容当年粮食获得了丰收。

⭐ 大窟窿，小眼睛

【简析】形容破洞很多。

⭐ 大萝卜还用屎浇？

【简析】詈语。此处的"浇"与"教"谐音。比喻此事我自己能处理，用不着你多嘴告诉我怎么办。

- D -

⭐ **大门不出,二门不迈**
【简析】用于说旧时封建大家庭中女人的活动范围十分狭小,基本就是自家的院子内。

⭐ **大气儿不敢出**
【简析】比喻由于害怕不敢作声。

⭐ **大撒缰儿**①
【注释】①缰儿(jiāngr):缰绳。
【简析】比喻放任不管,对其毫无约束。

⭐ **大撒马儿**
【简析】同"大撒缰儿"。

⭐ **大小有个病儿,别叫丧喽命儿**
【简析】咒骂某人借口有病偷懒儿。

⭐ **大眼瞪小眼儿**
【简析】形容两人或多人在某种情况下谁也不肯先行一步,互相观望或无可奈何的表情。

⭐ **大鱼吃小鱼儿,小鱼儿吃虾米**①**,虾米吃滋泥**②
【注释】①虾米(xiāmi):虾或小虾。②滋泥:土夹杂一些腐殖质在水中慢慢淤积或沉积的泥。
【简析】用于比喻社会上的弱肉强食现象。

北京惯用语集释

⭐ 大丈夫能屈能伸

【简析】有抱负、有志向、有作为的男人，既能享受荣耀，也禁得起委屈。

⭐ 大字不识

【简析】指一个字也不认识。

⭐ 待着你的！

【简析】通过制止的语气表示对别人言行的否定。

⭐ 逮①家雀儿②还得撒把米呢！

【注释】①逮（dǎi）：捉。②家雀儿（jiāqiǎor）：麻雀。

【简析】比喻要想得到某种好处必须先做一定的投入，舍不得投入就别想得到想要的好处。

⭐ 逮住蛤蟆①攥出尿来

【注释】①蛤蟆（háma）：青蛙、蟾蜍的统称。多数情况下指青蛙。

【简析】1.讥讽某人极其吝啬，钱到手后一点儿也舍不得花。2.讥讽某人对事情喜欢刨根儿问底儿。

⭐ 戴高帽儿

【简析】比喻恭维人、奉承人。

⭐ 戴个不认亲的帽子

【简析】讥讽某人所戴的帽子遮檐儿压得太低，几乎让人看不见脑门儿、眼睛。

⭐ 担不得富，受不得穷
【简析】富有的时候忘乎所以，不会有计划的过日子；穷困的时候又不知道稳住阵脚沉着应对，以期逐渐改变局面。

⭐ 当电灯泡儿
【简析】比喻当陪衬者。

⭐ 当面儿锣，对面儿鼓
【简析】比喻面对面把问题说清楚。

⭐ 当面儿是人，背后是鬼
【简析】比喻某人表面不错，背后却净做见不得人的勾当。

⭐ 当面儿一套，背后一套
【简析】指一个人的两面派作风。

⭐ 当一天和尚撞一天钟
【简析】比喻在工作岗位上一天就敷衍应付一天。这是一种消极的工作态度。

⭐ 当着矬人说短话
【简析】比喻别人在某方面有缺点、不足或忌讳却不知道回避，反而在别人面前谈论那些方面。

⭐ 刀对刀,枪对枪
【简析】形容双方针锋相对,毫不含糊地拼打。

⭐ 刀搁在脖子上
【简析】比喻受到被杀头的威胁。

⭐ 刀子嘴,豆腐心
【简析】比喻嘴很厉害,心肠儿却很好。

⭐ 倒驴不倒架儿
【简析】比喻虽然已经衰败穷困,但依然保持着富贵之家的行事作风。

⭐ 到哪儿算一站[①]?
【注释】①站:停靠的地点。
【简析】指什么时候儿算个完。意思是,什么时候就不这样做了?

⭐ 到嘴边儿上的肉
【简析】比喻唾手可得的好处或利益。

⭐ 倒开花
【简析】比喻妇女绝经后又重新来月经,是一种病征。

⭐ 倒吸一口凉气
【简析】形容提起或想起后怕。

- D -

⭐ **倒栽葱**
【简析】比喻摔倒时头先着地的情形。常接在"闹了个"之后。

⭐ **得了金马驹,还想要它娘**
【简析】比喻贪得无厌的心理。

⭐ **得理不让人**
【简析】自己一旦占理,就对别人不依不饶。

⭐ **得零蛋**
【简析】同"吃鸭蛋"。

⭐ **得便宜卖乖**
【简析】占了便宜之后还说些冠冕堂皇的话。

⭐ **得人钱财,替人消灾**
【简析】受人请托,接受了人家钱物,就要替人家办事。

⭐ **德行样儿!**
【简析】詈语。指讨厌的样子(常用于姑娘骂小伙子)。

⭐ **蹬鼻子上脸**
【简析】比喻越迁就、越退让越得寸进尺。

北京惯用语集释

⭐ 等着瞧!
【简析】威胁性警告语。表示自己一定有机会报复对方。

⭐ 低头不见抬头见
【简析】比喻经常见面（多指不要太伤和气）。

⭐ 提溜①着猪头找庙门儿
【注释】①提溜（dīliu）：提（tí）。
【简析】比喻想送钱物请人办事或帮忙，却找不着送的对象。

⭐ 地方支援中央
【简析】玩笑语。用于嘲讽秃顶的人（因秃顶的人常常在头的两侧留一些长发往头顶上撩盖，以遮秃顶的丑）。

⭐ 掉片儿树叶儿，怕砸住脑袋
【简析】形容非常谨小慎微，胆小怕事。

⭐ 钉是钉，铆是铆
【简析】比喻做事非常认真、严谨、有条理，一是一，二是二，绝不马虎。

⭐ 顶风①臭十里
【注释】①顶风：逆风。
【简析】形容某人人格低下，名声极坏。

⭐ 顶在头上怕吓着,含在嘴里怕化喽

【简析】形容对孩子娇养溺爱、过分呵护,唯恐出现意外。

⭐ 定干戈

【简析】比喻事先不必要地反复请示如何做。

⭐ 丢了魂儿了

【简析】比喻着迷于某人某事而魂不守舍的样子。

⭐ 丢下耙儿①弄扫帚

【注释】①耙儿(pár):耙子。
【简析】撂下这,就是那。比喻事务庞杂,十分忙碌。

⭐ 东家长,西家短

【简析】同"张家长,李家短"。

⭐ 东一句,西一句

【简析】形容说话没条理,不成系统。

⭐ 东一榔头①,西一棒槌②。

【注释】①榔头(lángtou):大的木槌或小的铁锤。②棒槌(bàngchui):洗衣服时或衣服洗后为使其平整时,用来捶打衣服的木棒。共两支,可以用一只手单棒捶,也可以用双手双棒捶或轮换交替捶。
【简析】比喻说话没有重点,东一句,西一句。有时,也比喻做事没有计划,东抓一把,西抓一把。

☆ 冬练三九①，夏练三伏②

【注释】①三九：从冬至这天算起，每九天为一个"九"。前三个九天期间叫三九天，是一年中最冷的时候。②三伏：夏至后第三个庚日为初伏，以后每十天为一"伏"。初伏、中伏、末伏统称三伏，一般为一个月时间，是一年中最热的时候。

【简析】此为习武者常用语。强调武功要天天练，要持之以恒，在任何艰苦的环境下都要练习。

☆ 冬有棉，夏有单

【简析】冬天有棉衣穿，夏天有单衣穿。形容吃穿无忧，日子殷实。

☆ 都什么年月啦？

【简析】以反问的语气说对方的思想认识、做法等已经落后于时代，已经非常不合时宜。

☆ 斗大的字，不识半升

【简析】形容某人一个字也不认识，是个纯文盲。

☆ 抖搂包袱底儿

【简析】比喻揭露底细或隐私。

☆ 独头儿蒜，旱地葱

【简析】独头儿蒜比多瓣儿蒜辣，旱地葱比园种葱、洼地葱辣。用于说两种最辣的食物，有时也比喻厉害的妇人。

- D -

⭐ 堵被窝儿
【简析】比喻趁人没起床时找某人或抓捕某人。

⭐ 肚子里有货
【简析】比喻某人掌握的科学文化知识比较多。

⭐ 多喝了几年墨水儿
【简析】比喻多上了几年学。

⭐ 躲得了初一,躲不了十五
【简析】意思是,躲不过,躲不了。常用于形容难于逃脱某种责任或罪责。

E

⭐ 摁下葫芦，起来瓢

【简析】比喻本来为了解决某事，却又生出另一桩事。

⭐ 耳头都磨出膙子①来了

【注释】①膙子（jiǎngzi）：手掌、脚掌等部位由于长期摩擦而生成的硬皮。

【简析】形容听的次数极多，已经听熟了。

⭐ 耳头里塞着驴毛哪?

【简析】詈语。质问人为什么没有听见。

⭐ 二一添作五

【简析】本为珠算除法口诀，即1除以2得0.5。借用表示均分成两份儿，各得一份儿。

F

翻过来，掉过去
【简析】1.形容反复翻身（睡不着觉）。2.形容反反复复（思考）。

翻脸不认人
【简析】比喻一旦与人闹翻就不讲过去的情面。这是说一个人的性格特点。

防君子，不防小人
【简析】形容防范措施不够严密，只是摆个样子，若要是有人逾越或偷窃是防不住的。

房无一间，地无一垄
【简析】形容某人没有任何财产，极度贫穷。

放长线儿，钓大鱼
【简析】比喻作长远打算，以期得到更大的收获。

北京惯用语集释

⭐ 放个屁也是香的
【简析】讥讽某人认为该人什么都好，对其盲目尊崇。

⭐ 放了秃尾巴鹰了
【简析】比喻出手的钱再也收不回来了。

⭐ 放屁怕砸脚后跟①
【注释】①脚后跟：脚跟。
【简析】形容某人极为谨小慎微。

⭐ 肥猪拱门儿
【简析】比喻好事不期而至。

⭐ 废铁铃铛皮
【简析】比喻毫无用处的人（只用于男性青少年）。

⭐ 费力不讨好
【简析】比喻做徒劳无功的事情。

⭐ 分怎么说
【简析】也说"看怎么说"。意思是，看从哪个角度讲（用于会话时）。

⭐ 风是风，火是火
【简析】形容急急匆匆地（跑来）。

— F —

⭐ 扶不起来的阿斗①

【注释】①阿斗（Ā Dǒu）：刘备之子，蜀国后主刘禅的小名，其人庸碌无能。

【简析】比喻没有志向、不知长进而庸碌无为的人。

⭐ 富得流油

【简析】形容一个家庭或一个国家的经济状况非常好，十分富足。

G

⭐ 该出手时就出手

【简析】说明做事情应该果断。语出电视剧《水浒传》主题歌。

⭐ 盖张纸，哭得过儿了

【简析】北京地区旧俗，人咽气后入殓前在脸上盖张白纸。此语形容某人的健康状况极差，脸部跟死人的面容一样。

⭐ 干饽饽[①]，辣饼子

【注释】①饽饽（bōbo）：A. 饺子。B. 糕点。C. 泛指馒头、烙饼、窝头、饼子、糊饼等面食。

【简析】泛指粗劣的饭食。

⭐ 干馋不到嘴

【简析】形容人多食物少，一吃就完了。

⭐ 干打雷，不下雨

【简析】1. 比喻干号而不流泪。2. 比喻空允诺而不付诸行动。

-G-

⭐ 赶鸭子上架

【简析】比喻勉强人做力所不及的事。

⭐ 赶在点儿上了

【简析】不早不晚,正好赶上。

⭐ 干一行,恨一行

【简析】人一旦从事某个工作时间长了,就会对它相当熟悉,深深知道它的弊端,并对它产生厌倦情绪,从而羡慕其他行业的职业而想改行。

⭐ 刚①学刮脸,就碰上②个大胡子

【注释】①刚:才开始。②碰上:遇到。

【简析】旧时,理发师傅给男顾客理发时需要给其刮胡子,如果刚上岗给顾客理发就遇到一个满脸络腮胡子的人,就是"刚学刮脸"就遇到了一个非常棘手的活儿。比喻刚刚从事某项工作就遇到了一个非常难做的事情。

⭐ 高不成,低不就

【简析】形容对自己的条件没有恰当的估计。条件好的,人家看不上自己;条件差的,自己又不愿意迁就(多用于择偶或择业)。

⭐ 告枕头儿状

【简析】晚上睡觉时,妻子向丈夫诉说家庭其他成员的不是或使她受委屈的情况,叫向丈夫"告枕头儿状"。

北京惯用语集释

⭐ **胳膊根儿硬**
【简析】比喻为人强横。

⭐ **胳膊折①了往袖子里藏**
【注释】①折（shé）：断。
【简析】比喻自己内部发生了丢脸的事不便声张，只能悄悄处理或忍气吞声。

⭐ **胳膊肘儿往外拐**
【简析】比喻不向着自己一方或为自己一方着想，却向着别人或为别人着想。

⭐ **胳膊肘儿往外扭**
【简析】同"胳膊肘儿往外拐"。

⭐ **搁着你的，放着我的**
【简析】意思是，你别着急，等着瞧，早晚我会收拾你。

⭐ **嗝儿屁、着凉、大海棠**
【简析】儿童嬉戏语。指死亡。

⭐ **各走各的路，各投各的店**
【简析】比喻谁干谁的事儿，谁也别干涉谁。

⭐ **硌您脚了**
【简析】被别人踩了脚以后的诙谐性的玩笑话。有时用于反讽。

⭐ 给个棒槌就当针

【简析】"当针"谐音"当真"。比喻不会认真思考,盲目轻信。

⭐ 给宽心丸儿吃

【简析】比喻别人在忧愁难解或悲观失望的时候说些使人心里宽慰的话。

⭐ 给脸不兜着

【简析】比喻不知好歹,不识抬举。

⭐ 给脸子看

【简析】比喻使性子,对人表现出不高兴、不满意的表情。

⭐ 给他个炭篓子戴上

【简析】装运整根炭的篓子又细又长,像一顶细高的帽子。"戴炭篓子"比喻"戴高帽子",给别人戴炭篓子即对别人恭维奉承,使其忘乎所以。

⭐ 跟不上行市[①]

【注释】①行市(hángshi):市面上某种商品当日买卖的一般价格。

【简析】比喻跟不上社会形势。

北京惯用语集释

⭐ **跟肚子打算盘**
【简析】比喻过分舍不得在吃饭方面花钱,总想通过节省伙食费攒钱以干其他事。

⭐ **跟自个儿①过不去**
【注释】①自个儿(zìgěr):自己。
【简析】比喻主动做超负荷的劳动或锻炼,拼死拼活地工作,不知道适当休息、注意营养等。

⭐ **公说公有理,婆说婆有理**
【简析】纷争的双方都说自己有理。表示是非难断。

⭐ **恭敬不如从命**
【简析】此乃交际场合的套语。意思是,与其怀着对您恭敬的心情推辞,不如顺从您的意愿接受(接受礼物或宴请等时候用)。

⭐ **钩儿拉枝儿**
【简析】形容错综复杂的多种关系(有贬义)。

⭐ **狗颠屁股槌儿**
【简析】形容轻贱奉迎的样子。

⭐ **狗颠屁股三儿**
【简析】同"狗颠屁股槌儿"。

- G -

⭐ 狗揽八泡屎
【简析】比喻承担过多的事情（哪样儿也干不完或干不好）。

⭐ 狗眼看人低
【简析】比喻势利眼的人小看人。

⭐ 狗咬狗，一嘴毛
【简析】用于说他们是坏人之间的攀扯、争斗。

⭐ 狗长尾巴尖儿了
【简析】比喻又长了一岁（用于男童过生日时）。

⭐ 狗嘴里吐不出象牙来
【简析】比喻从坏人嘴里说不出好话来。

⭐ 够喝一壶的！
【简析】比喻够承受的。

⭐ 够十五个人看半个月的
【简析】形容某人相貌极其丑陋。

⭐ 够意思
【简析】指在人际交往中重视对方的感受，无愧于对方。

北京惯用语集释

⭐ 顾脑袋不顾屁股。
【简析】同"顾前不顾后"。

⭐ 顾前不顾后
【简析】比喻做事考虑得不周到、不全面,顾此失彼。

⭐ 顾嘴不顾身
【简析】1.指有钱多花在吃上,穿得破破烂烂却不在乎,不怕人耻笑。2.指只要好吃、爱吃就吃,不管对身体健康是否有益。

⭐ 瓜熟蒂落,水到渠成
【简析】比喻办某事的条件已经成熟。

⭐ 刮风是香炉,下雨像墨盒子
【简析】指的是1949年前北京的街道情况。1949年以前,北京的道路多为土路,沥青路很少,一刮风就到处尘土飞扬,一下雨就到处泥泞不堪。

⭐ 挂羊头,卖狗肉
【简析】比喻名义上做某件好事,实际上却做着坏事。

⭐ 关公门前耍大刀
【简析】同"鲁班门前耍大斧,关二爷门前耍大刀"。

⭐ 官儿不大，僚①不小

【注释】①僚：此处指官僚主义。

【简析】用于说某人有官僚主义（多用于玩笑）。

⭐ 官儿大脾气大

【简析】用于说当官的在下属及百姓面前常耍威风。

⭐ 官土打官墙

【简析】比喻公共财产用在公共事务上。

⭐ 管前不管后

【简析】同"顾前不顾后"。

⭐ 光棍儿①怕掉个儿②

【注释】①光棍儿（guānggùnr）：这里指耿直、要强、敢于担当的男子。②掉个儿：也说"掉过儿"，即调换位置。

【简析】指如果你认为自己的想法或做法正确，那么你应该换位思考一下：如果你处于对方那样的地位或境况，你该怎样想、怎样做？

⭐ 光棍儿一根榿①

【注释】①榿（tǎi）：旧时男童冬季用作游戏的木棍。

【简析】意思是，光棍儿一人。

⭐ 光屁股一个人儿

【简析】形容女子结婚时娘家不陪送任何东西。

☆ 贵人多忘事

【简析】地位高的人不把小事放在心里,容易把小事遗忘(用于别人忘记某件事情时,多属于客套、奉承,有时也带有讥讽或玩笑的意味)。

☆ 贵人语话迟

【注释】①语话:话语。②迟:迟慢。

【简析】尊贵的人不轻易开口说话,说起话来也是慢条斯理的(现多用于讥讽)。

☆ 过河拆桥,卸磨杀驴

【简析】比喻达到目的之后就把别人曾经给的帮助都忘了。

☆ 过手三分肥

【简析】形容只要有财物经手,就会截留克扣一部分。这是说一个人手头儿不干净。

☆ 过五关,斩六将

【简析】历史演义小说《三国演义》中的关云长曾经闯过五个关口,诛杀过六员阻挡他过关的守将,屡建战功。常用来指某人经历不凡,建立过很大功劳。

☆ 过一天,算一天

【简析】这是一种胸无大志、混日子的消极生活态度,有时也用于表现一种无望的情绪。

- G -

☆ 过这个村儿,没这个店儿

【简析】比喻错过这个机会就再也不会有这个机会了,机不可失,时不再来。

H

☆ 蛤蟆、耗子①、大眼贼儿②

【注释】①耗子（hàozi）：老鼠。②大眼贼儿（dàyǎnzéir）：一种田鼠。

【简析】用三种动物泛指各种坏人。

☆ 蛤蟆跳三跳，还得歇一歇呢！

【简析】比喻人劳动一个阶段以后需要适当休息。

☆ 还不会走，就想学跑

【简析】比喻做事不能一步一步来，总是操之过急且急于求成。

☆ 还等着用八抬大轿①抬你啊？

【注释】①八抬大轿：由八个轿夫所抬的轿。封建王朝时代，八抬大轿是官员最高的乘轿待遇。

【简析】用于说"你应该赶快去，不应再叫人家三回八趟地请了"。

- H -

⭐ **还没焐热乎儿呢！**

【简析】用于说东西（多指好的或值得珍视的）刚到手不久就又出去了。

⭐ **寒鸦儿①洑水**

【注释】①寒鸦儿：一种鸟儿，即白脖儿老鸹。

【简析】比喻站着弯腰低头，两臂向后、向上伸的姿势。20世纪60年代，这种姿势常用作对被批斗对象的一种体罚方式。京郊百姓习惯上称这种姿势为"寒鸦儿洑水"，新的说法称它为"坐喷气式"。

⭐ **好①吃菜儿，不撂筷儿**

【注释】①好：音 hǎo。

【简析】在宴席上或比较庄重的场合，用餐者每夹一次菜应该撂下一次筷子，以表示不是贪吃者。此语比喻自己喜欢的事情或上瘾的事情愿意接着做，舍不得放一放、停一停。

⭐ **好孩子谁往庙里舍？**

【简析】比喻做领导工作的没有人愿意把能干的人主动往外单位调。

⭐ **好话说尽，坏事做绝**

【简析】形容一个人只会说漂亮话，却从来不干好事。

⭐ **好了疤瘌①忘了疼**

【注释】①疤瘌（bāla）：疮口或伤口痊愈后留下的疤痕。

【简析】比喻在事件之后不知道接受教训。

⭐ 好事不赖①秃丫头

【注释】①赖（lài）：诬赖。
【简析】比喻凡是不好的事情都被认为是没有地位的人做的。

⭐ 好说话儿

【简析】指某人性情温和善良，有事好商量，如有人相求时肯予人方便。

⭐ 好戏还在后头

【简析】反用。比喻事情还远没有结束，后面还会有更大的麻烦和纷乱。

⭐ 好心不得好报

【简析】指本来一片好心却得不到感激，反倒落下不是。

⭐ 好心当成驴肝肺

【简析】比喻好意被误解成恶意。

⭐ 耗子见了猫似的

【简析】比喻某人见了某人非常害怕的样子。

- H -

⭐ 喝过墨水儿
【简析】指读过书。

⭐ 喝过洋墨水儿
【简析】指到外国留过学。

⭐ 喝口凉水都塞牙,放屁都砸脚后跟
【简析】比喻人在倒霉的时候干什么都不顺利。

⭐ 喝西北风
【简析】比喻没有饭吃。

⭐ 黑不提,白不提
【简析】比喻欠人钱物还期已过很久却根本不向债主提还钱还物的事。

⭐ 黑心狼
【简析】比喻内心贪婪、恶毒的人。

⭐ 含着骨头露着肉
【简析】比喻说话吞吞吐吐,又想说又不好意思说。

⭐ 恨不得咬他几口
【简析】形容对某人怨恨极深。

- ⭐ 恨不得一头撞死
  【简析】形容羞愧得无地自容或疼痛难忍。

- ⭐ 恨不得有条地缝儿钻进去
  【简析】形容羞愧得无地自容。

- ⭐ 恨得我牙根儿疼
  【简析】形容极其痛恨某人。

- ⭐ 横草不拿，竖草不捏
  【简析】形容某人整天养尊处优、游手好闲、无所事事的样子。

- ⭐ 横插杠子
  【简析】比喻中途进来干扰。

- ⭐ 横拦着，竖挡着
  【简析】形容想方设法阻拦。

- ⭐ 横挑鼻子，竖挑眼
  【简析】形容百般挑毛病，这也不是那也不是，成心找碴儿。

- ⭐ 胡捣屁股槌子
  【简析】讥讽没必要地胡乱更换、倒腾。

- H -

⭐ 虎牌儿的
【简析】"虎"与"唬"谐音,"唬"有吓唬、蒙骗义。意思是,蒙骗人的人。

⭐ 虎头上拿①虱子
【注释】①拿:捉;逮。
【简析】比喻不知深浅或不知利害关系,做十分危险的事情。

⭐ 滑不溜秋
【简析】1. 形容光滑(有厌恶色彩)。2. 形容人油滑、狡猾。

⭐ 话糙理不糙
【简析】意思是,话虽然粗俗一些,道理却是对的。常用作插入语,用于说某句粗俗话讲某个人生道理时。

⭐ 怀里揣着个小兔子儿似的
【简析】形容心里惴惴不安。

⭐ 皇上还有几家穷亲戚呢!
【简析】比喻谁家都难免有穷亲戚,他们上门求助时应当给予帮助。

⭐ 黄土埋半截子了
【简析】同"半截子入土了"。

北京惯用语集释

⭐ 黄鼬①单咬病鸭子
【注释】①黄鼬：黄鼠狼。
【简析】比喻某人本来情况就不怎么好，偏偏又摊上不好的事情，即所谓的"祸不单行"。

⭐ 浑身的衣裳，满肚子的干粮
【简析】形容某人生活非常窘困，一无所有（常用于自嘲）。

⭐ 浑身是铁，能碾几个钉？
【简析】比喻一个人的本事再大、实力再强，也大不到哪儿去、强不到哪儿去，还得靠其他人的帮助或集体的力量才能成事。

⭐ 浑身是嘴，也说不清楚
【简析】比喻遭受冤屈却无法申辩。

⭐ 混个肚儿圆
【简析】比喻日子不富裕，勉强能够吃饱饭。

⭐ 活不见人，死不见尸
【简析】比喻某人下落不明，不知死活。

⭐ 活人还能让尿憋死？
【简析】比喻做事时一种办法行不通就得赶快想别的办法，

不能一种办法行不通就束手无策、坐以待毙。

⭐ 活着不养①，死喽不葬②

【注释】①养：赡养。②葬：埋葬。

【简析】用于说某人对父母不承担赡养的义务，也不承担料理他们后事的责任。这是违反道义的做法，也是违法的行为。

⭐ 火上房都不着急

【简析】比喻性子慢，十分紧急的事情都不知道着急。

⭐ 火上房了

【简析】比喻情况十分紧急。

J

⭐ 饥一顿，饱一顿
【简析】形容不能按时正常进餐。

⭐ 鸡蛋里头挑骨头
【简析】比喻千方百计地故意挑毛病。

⭐ 鸡蛋碰石头
【简析】比喻力量相差悬殊的弱者跟强者斗。这是自不量力的行为，必然失败。

⭐ 鸡窝里飞出金凤凰来了
【简析】比喻在条件极差的地方出现了杰出人物。

⭐ 鸡一嘴，鹅一嘴
【简析】同"鸡一嘴，鸭一嘴"。

⭐ 鸡一嘴，鸭一嘴
【简析】形容众人对某事七嘴八舌、胡乱说话。

– J –

☆ 急捻儿的①

【注释】①急捻儿的（jíniǎnrde）：捻子点燃后燃烧得很快的炮仗。

【简析】比喻对某事非常着急的人。

☆ 几步道儿

【简析】形容路途极短。

☆ 挤鼻子弄眼儿

【简析】做鬼脸儿，递眼色。

☆ 记①吃不记打

【注释】①记：记得住。

【简析】"记吃不记打"是驴的特点。指斥某人不知道从某事中接受经验教训。

☆ 记性不大，忘性不小

【简析】讥讽某人好忘事（多用于玩笑）。

☆ 加盐儿

【简析】比喻别人受到长辈或领导批评、责难时乘机进谗言，添油加醋地、无中生有地去长辈或领导那儿说别人坏话。

☆ 家花儿不如野花儿香

【简析】用于讥讽男人把年轻貌美的妻子放在家里，却到外面去寻花问柳。

北京惯用语集释

⭐ 肩不能担担①，手不能提篮②

【注释】①担担（dān dàn）：挑担子。②篮：篮子。

【简析】形容不能干任何体力活儿。这是旧社会体力劳动者对读书人的看法，表现了对读书人的轻视。

⭐ 捡了芝麻，丢了西瓜

【简析】比喻抓的是无关紧要的小事，却漏掉了关键性的大事。

⭐ 见大头①不捉②有罪

【注释】①大头：冤大头。指花冤枉钱财的人。②捉：欺骗别人钱物。

【简析】比喻遇到老实人就设法占他的便宜，不占白不占。这是一种卑劣的人品。

⭐ 见凡人①不理

【注释】①凡人：一般人；平常人。

【简析】比喻某人高傲或势利。

⭐ 见缝儿插针

【简析】比喻利用一切可以利用的机会（做某事）。

⭐ 见缝儿就钻

【简析】比喻抓一切机会占便宜、得好处（含贬义）。

-J-

☆ 见空儿，点①豆儿

【注释】①点：点种。

【简析】形容刚有一点儿空闲地方就马上占据。

☆ 见尿人①搂不住火②

【注释】①尿人（sóngrén）：懦弱的人。②搂（lōu）不住火：比喻控制不住火气（情绪）。

【简析】遇到老实巴交的人或性格懦弱的人就要威风，遇到强横的人就老老实实、不声不响，或点头哈腰，甚或卑躬屈膝。这种欺软怕硬的行为是一种极其恶劣的人品。

☆ 见包子都不乐

【简析】同"见煮饽饽都不乐"。

☆ 见煮饽饽①都不乐

【注释】①煮饽饽（zhǔ bōbo）：北京方言。水饺儿。

【简析】形容面部阴沉，整天板着面孔。

☆ 浇①了个落汤鸡②

【注释】①浇：雨淋。②落汤鸡：掉在热水里的鸡。汤，热水。

【简析】形容被大雨淋得浑身精湿，样子狼狈。

☆ 焦①了尾巴梢子②了

【注释】①焦：干枯。②尾巴梢子（yǐbashāozi）：尾巴的末端。

【简析】比喻没有男嗣,成绝户了。这是一种不符合现代社会观念的说法。

☆ 嚼舌头根子

【简析】比喻背地里议论别人的是非(多用于女人)。

☆ 脚不沾地儿

【简析】形容急匆匆地快走。

☆ 脚踩两只船

【简析】比喻对待截然不同的双方时同意谁、支持谁态度暧昧,立场不稳。

☆ 脚大爱小鞋儿

【简析】旧时,女子以脚小为美,但自己脚本来长得很大,却偏要穿小的鞋子受苦。用于说一个人爱慕虚荣。

☆ 脚底下使绊子[①]

【注释】①绊子(bànzi):一种使人跌倒的招数。用一条腿别别人的小腿儿的下部,使其跌倒。

【简析】比喻暗中对人进行伤害。

☆ 脚后跟打后脑勺子[①]

【注释】①后脑勺子(hòunǎosháozi):头的后部。

【简析】形容极其忙碌。

-J-

⭐ 脚丫子①朝②上
【注释】①脚丫子（jiǎoyāzi）：脚。②朝：向。
【简析】同"脚丫子朝天"。

⭐ 脚丫子朝天
【简析】形容极其忙碌。

⭐ 叫你往东你往西，叫你打狗你骂鸡
【简析】比喻执拗，不听话（多用于指责自己的孩子）。

⭐ 叫天天不应，叫地地不语
【简析】比喻在困难面前孤立无援，处于绝境之中。

⭐ 叫王承恩了
【简析】比喻没有办法了。王承恩，明代崇祯帝的贴身太监。此语的来源说法不一：一说来源于明末财政拮据，王承恩代朝廷向皇亲国戚讨要捐款，皇亲国戚向他装穷叫苦；一说来源于崇祯帝在煤山上吊前喊"王承恩，我可怎么办？"。

⭐ 接蒲包儿①
【注释】①蒲包儿：点心匣子。旧时，去亲戚朋友家做客，习惯上都到糕点铺包个蒲包儿带上。
【简析】比喻家长接受关于自家孩子在外边儿惹事的报告。

⭐ 揭不开锅了
【简析】比喻没有米面做饭了，吃不上饭要挨饿了。

北京惯用语集释

☆ 揭秃疮①嘎巴儿②

【注释】①秃疮：黄癣。②嘎巴儿（gābar）：皮肤的破伤处好后所结的硬痂。

【简析】比喻说别人的忌讳处。

☆ 隔①山买老牛

【注释】①隔：北京方言念 jiē。

【简析】比喻没有亲眼见到具体的人或物，只凭对方介绍的情况而考虑或决定。

☆ 解不开扣儿

【简析】比喻对某事弄不明白，对某个道理理解不了。

☆ 借给他点儿胆子

【简析】意思是，谅他也不敢。

☆ 今儿个①就是今儿个了

【注释】①今儿个（jīnrge）：从早期白话"今日家"变化而来，即今天。

【简析】发狠做决定时所说的话。意思是，豁出去了，爱怎么着怎么着吧！

☆ 金刚钻儿虽小，能揽瓷器活儿

【简析】比喻人虽然小却有本事，能干大事。

- J -

⭐ **劲儿劲儿的**

【简析】形容一个人端架子、拿捏的样子。

⭐ **经得多,见得广**

【简析】形容人社会阅历丰富。

⭐ **经是好经,让歪嘴儿和尚给念坏了**

【简析】1.比喻好事让人给办坏了。2.比喻上级的政策是好政策,让基层官员给执行走样儿了。1958年前后,国家农业政策接连出现失误,基层百姓经常用此语予以解释。

⭐ **井水不犯河水**

【简析】比喻两不相犯。

⭐ **敬酒不吃吃罚酒**

【简析】比喻好好儿让他做他不做,强迫他做他才做,即所谓"不识抬举"。

⭐ **敬神如神在**

【简析】既然祭神、拜神,心里就要信神,就要像神就在自己的面前一样。否则,祭神、拜神就没有实际意义。

⭐ **揪心扒肝的**

【简析】比喻因惦记、牵挂而提心吊胆的心情。

北京惯用语集释

⭐ 九国贩骆驼的

【简析】既然有去西域多国贩骆驼的经历,必然为人精明,善于打探信息或捕捉商机。比喻非常会钻营的人。

⭐ 旧瓶装新酒

【简析】比喻形式是旧的,内容却换成了新的。

⭐ 就饭吃了

【简析】比喻在学校学到的知识早忘光了。

⭐ 就坡儿下驴

【简析】比喻抓住别人提供的可利用的机会,顺势实现自己的愿望或目的。

⭐ 锯了嘴儿的葫芦

【简析】比喻笨嘴拙舌、不善言谈的人。

⭐ 卷铺盖①卷儿

【注释】①铺盖(pūgai):被褥。

【简析】旧时,外出打工或当学徒需要自带铺盖。因此,用"卷铺盖卷儿"比喻被辞退或离职。

⭐ 撅了个对头弯儿

【简析】比喻遭到了彻底回绝或制服。

—J—

☆ **撅尾巴馆儿**[①]

【注释】①馆儿（guǎnr）：此处指茶馆儿。

【简析】此为诙谐性用语。比喻水桶或水缸。因为喝水桶或水缸中的水得弯腰、低头、撅屁股，所以说"撅尾巴"。旧时，常有人自嘲说："别人下茶馆儿，我下撅尾巴馆儿。"意思是，我在家喝水桶或水缸中的水。

K

⭐ 看不出眉眼高低

【简析】不知道观察对方的表情,不知道对方心里高兴还是不高兴,不知道根据当时人事情景行事。形容某人不够精明。

⭐ 看不见,摸不着

【简析】形容事物虚幻缥缈。

⭐ 看到眼里拔不出来

【简析】用于当他人想看自己心爱的物件而拒绝让人看时(女童多用)。

⭐ 看得见,摸得着

【简析】比喻非常具体、实实在在地存在。

⭐ 看哈哈儿笑

【简析】比喻在一旁对别人的困难或失败幸灾乐祸。常用于说"不要让别人看哈哈儿笑"。意思是,要争气,要做出个好样子。

⭐ 看人下菜碟儿
【简析】比喻根据不同人采取不同的对待方式。这是一种不好的品行。

⭐ 糠菜半年粮
【简析】一年当中有半年的时间没有粮食吃,用糠菜代替粮食充饥果腹。形容生活贫穷、困苦(多用来形容1949年以前贫苦农户的生活)。

⭐ 靠山吃山,靠海吃海
【简析】指根据居住地的自然环境和自然条件安排生产、生活。

⭐ 可钉可铆儿
【简析】比喻大小、多少正合适,没有一点儿富余。

⭐ 可怜不待见儿的
【简析】形容十分可怜的样子。

⭐ 空手套白狼
【简析】比喻不做任何投入而妄图得到某种好处。

⭐ 空手攥空拳
【简析】比喻两手空空投入某事,或什么礼物也没带去探访亲友。

北京惯用语集释

★ 抠门儿①大仙

【注释】①抠门儿（kōuménr）：比喻吝啬。
【简析】比喻极端吝啬的人。

★ 哭了半天，还不知道谁死了呢！

【简析】比喻不问所为何事就盲目参与其中并发表意见。

★ 胯胯上的亲戚

【简析】比喻关系极远的亲戚。

★ 快刀斩乱麻

【简析】形容处理事情干脆利索。

L

⭐ 拉不出屎来赖茅厕

【简析】比喻事情没办成功,不从主观上找原因,却埋怨客观条件。

⭐ 拉不下脸来

【简析】比喻不好意思说或做某事。

⭐ 拉长杆儿

【简析】讥讽人想得过于长远。

⭐ 拉出屎来又坐回去

【简析】比喻做了允诺或承诺事后又反悔。

⭐ 拉瓜秧,种荞麦

【简析】玩笑话。常在小孩儿该起床时不起床,大人不得不拉小孩儿盖的被子让他快起时说。

⭐ 拉了秧①的黄瓜，上了架②的烟
【注释】①拉秧：瓜类植物过了收获期把秧子拔掉。②上架：这里指把收获下来的烟叶挂在架子上晾晒。
【简析】拉了秧的黄瓜和上了架的烟叶都会变得蔫起来。形容人精神十分萎靡。

⭐ 拉舌头，扯簸箕
【简析】比喻传闲话，惹是非。

⭐ 拉线儿屎
【简析】比喻做事该很快做完而不很快做完，拖拖拉拉地无限拖延时间。

⭐ 来得早不如来得巧
【简析】指来得不早不晚正合适。

⭐ 来是是非人，去是是非者
【简析】比喻谁惹出的事端应由谁了断。

⭐ 来无影，去无踪
【简析】形容出没极其隐秘、迅速。

⭐ 来者不善，善者不来
【简析】意思是，凡是来参与活动的都是高手儿、优秀者，否则是不敢来的。有时，也用于说来者一定不是好对付的。

— L —

⭐ **拦腰插杠子**
【简析】比喻在事情进行的中途插手、捣乱或添麻烦。

⭐ **褴不褴，褛不褛**
【简析】形容衣服破旧的样子。

⭐ **狼不叼谁的孩子，谁不心疼！**
【简析】比喻不损害谁的利益，谁就不大关心该事。

⭐ **狼吃不见，狗吃撑出屎来**
【简析】比喻侵占公家钱财多的人没有人追查，侵占公家钱财少的人倒有人穷追不舍。

⭐ **老鼻子了**
【简析】形容数量极多。

⭐ **老掉牙了**
【简析】形容东西或故事等十分陈旧。

⭐ **老家雀儿能让小家雀儿算计喽吗？**
【简析】比喻经验老到的人不会被涉世不深的年轻人欺骗。

⭐ **老母猪想吃万年糕**
【简析】比喻做没有必要的思虑。

⭐ 老牛、破车、纥绽儿套
【简析】比喻做活儿的劳动力不行，劳动工具也不行，破破烂烂。

⭐ 老墙头子①似的
【注释】①墙头子（qiángtóuzi）：墙破损倒塌后所遗存的一段儿叫墙头子。
【简析】形容老年妇女身体健壮。

⭐ 老天爷①白给你披一张人皮了！
【注释】①老天爷：民间对所认为的天上主宰一切的神的尊称。
【简析】詈语。骂人不是人。

⭐ 老天爷不长眼
【简析】指天道不公，好人不得好报，坏人却有好境遇、好结局。

⭐ 老天爷有眼
【简析】指天道公平，好人得到了好报，坏人遭到了恶报。

⭐ 老头儿入被窝儿
【简析】同"老头儿钻被窝儿"。

⭐ 老头儿钻被窝儿
【简析】比喻仰面滑倒前行。

– L –

⭐ 老鸭子还跛①三跛呢，况②人乎③？

【注释】①跛：走路时左右晃动。②况：何况。③乎：文言助词，相当于"呢"。

【简析】别人开玩笑说自己转文时用。

⭐ 老爷儿①不打谁家门前过？

【注释】①老爷儿（lǎoyér）：太阳。

【简析】意思是，老天爷对大家是一视同仁的、公平的。

⭐ 老爷儿打西边儿出来

【简析】比喻某人的行为难得、罕见。

⭐ 老爷儿都晒屁股了

【简析】催促别人起床的话。意思是，已经日升三竿，该起床了。

⭐ 姥姥不疼，舅舅不爱

【简析】形容某人没有任何人待见。

⭐ 姥姥也不行啊！

【简析】争吵时的粗话。意思是，无论如何都不行。

⭐ 勒紧裤腰带

【简析】形容在吃穿上厉行节约，过苦日子。

北京惯用语集释

⭐ 雷声大，雨点儿小
【简析】比喻声势很大，但实际行动却微乎其微。

⭐ 哩儿拉忽大茶壶
【简析】形容某人极其粗心马虎。

⭐ 里三层，外三层
【简析】形容穿的衣服多或围的人极多。

⭐ 俩肩膀儿扛一个脑袋
【简析】比喻只身一人，一无所有。

⭐ 俩眼儿一抹黑
【简析】比喻所去的地方人地两生，谁也不认识。

⭐ 连个屁也不放
【简析】詈语。骂人对某事毫不表态或悄然离开。

⭐ 连根儿烂
【简析】比喻连本带利都赔了进去。

⭐ 连锅儿端了
【简析】比喻全部被掳走了（用于敌人或土匪）。

⭐ 连眼都不眨一下儿
【简析】比喻毫不畏惧或毫不迟疑。

- L -

⭐ 连轴儿转

【简析】比喻连续不断不停歇。

⭐ 连自个儿姓什么都忘了！

【简析】讥讽某人狂妄自负，对自己没有一个正确、恰当的估计。

⭐ 脸朝黄土背朝天

【简析】形容整日低头弯腰在田里干活（就农民从事农业劳动的辛苦而说的）。

⭐ 脸红脖子粗

【简析】形容与人争吵时非常冲动、非常生气的样子。同书面语"面红耳赤"。

⭐ 脸皮比城墙还厚

【简析】形容某人极其不顾脸面，极其不知羞耻。

⭐ 脸儿朝外的人

【简析】某些封建意识浓厚的人用于指女孩子。意思是，早晚要嫁到别家去，自家指望不上。

⭐ 脸上挂不住

【简析】形容感到不好意思，极其难堪。

北京惯用语集释

⭐ **良心让狗吃了**

【简析】形容某人没有良心。

⭐ **两步远**

【简析】形容路途极近。

⭐ **两步走儿**

【简析】指走的样子不好看。

⭐ **亮盒儿摇**

【简析】这是一种比喻说法。用于讥讽为了钱把本来不便直接讲明的要求、条件都厚着脸皮直接讲明（赌场上，端宝者把宝盒儿的盖儿盖好才摇宝盒）。

⭐ **撂①了**

【注释】①撂：此处指倒下。

【简析】意思是，死了。用于事情刚刚发生不久（多用于成年男子。缺乏尊重意）。

⭐ **撂挑子**

【简析】比喻放下所承担的工作甩手不干了。

⭐ **撂条①了**

【注释】①条：此处指身体（人的身体为长条状）。

【简析】意思是，死了。用于事情刚刚发生不久（多用于成年男子。缺乏尊重意）。

- L -

⭐ **瞭高儿打远儿**
【简析】监视四周并观察远处的情况。旧时,大商店有专司其职者,以防止货物被窃。

⭐ **烈火对干柴**
【简析】烈火遇到干柴会烧得更旺。常用于比喻男女交合是在双方性欲极强的情况下。

⭐ **零七八碎儿**
【简析】泛指零零碎碎的东西。

⭐ **零七八五**
【简析】同"零七八碎儿"。

⭐ **溜①沟子②,舔屁股**
【注释】①溜(liū):舔。②沟子(gōuzi):屁股沟子,即肛门周围。
【简析】詈语。骂人低三下四地奉迎、讨好有权势的人,或拍马屁。可以简说"溜"或"舔"。

⭐ **溜沟子,舔眼子①**
【注释】①眼子(yǎnzi):屁股眼子,即肛门。
【简析】同"溜沟子,舔屁股"。

⭐ **留着钱等着买前门楼子①啊?**
【注释】①前门楼子(Qiánménlóuzi):北京正阳门的城楼

和箭楼。

【简析】此语用于讥讽别人舍不得花钱。意思是,有钱该花就花,别舍不得花,钱攒多了没用(攒多少钱也买不起前门楼子)。

☆ 留着钱买铁道埂子①啊?

【注释】①铁道埂子:铁轨。

【简析】同"留着钱等着买前门楼子啊"。

☆ 六十年风水轮流转

【简析】不管是一个人,还是一个家庭,不可能境况好总是好,也不可能境况不好总是不好,好坏是可以转化的。这是告诉我们,处逆境时不要悲观,要通过自己的努力朝好的方面转化。

☆ 露出狐狸尾巴来了

【简析】比喻已经彻底暴露。

☆ 鲁班①门前弄大斧,关二爷②门前耍大刀

【注释】①鲁班:传说中木匠的祖师爷。②关二爷:关羽,三国时蜀国的大将,善使大刀。习惯上"刘关张"并称,所以民间百姓称关羽为"关二爷"。

【简析】比喻在内行人面前显摆本事。

☆ 驴病去了,马病来

【简析】一种病刚好,马上又得了另一种病。指接连生病。

- L -

⭐ 驴唇不对马嘴
【简析】比喻所说的话跟事实没有关联,对不上茬儿。

⭐ 乱成一锅粥了
【简析】形容人声嘈杂,非常混乱。

⭐ 乱打一锅粥
【简析】形容多人乱打,场面十分混乱。

⭐ 乱扚①毛
【注释】①扚(dāo):北京方言。用梳子草草地梳。
【简析】詈语。比喻胡说。

⭐ 捋①胳膊,挽②袖子
【注释】①捋:音 luō。②挽:向上卷(袖子、裤腿儿、头发等)。
【简析】也说"抹胳膊,挽袖子"。形容正憋劲准备大干一场。

⭐ 萝卜不大,长在背儿上了
【简析】"背"与"辈"谐音。比喻某人虽然年纪小,却必须按长辈的名分称呼他,因为他辈分高。

M

⭐ 抹①胳膊,挽袖子

【注释】①抹:音 mā。

【简析】同"捋胳膊,挽袖子"。

⭐ 麻雀虽小,五脏俱全

【简析】比喻事物虽小,但该有的都有,必要的部分都齐备。

⭐ 骂人不带脏字儿

【简析】形容不用粗俗污秽的字眼儿而巧妙尖刻的贬斥人。

⭐ 骂人不吐核儿①

【注释】①核儿(húr):义同"核(hér)"。用于某些口语词如枣核儿、梨核儿、煤核儿、冰核儿等。

【简析】吃某些水果如枣儿、李子等应该吐核儿。形容特别能骂人,一口气儿骂半天。

⭐ 买得起马,还买不起缰?

【简析】同"买得起牲口,还买不起笼头"。

- M -

☆ 买得起牲口,还买不起笼头①?

【注释】①笼头(lóngtou):用皮条或绳子做成的套住马、骡、驴的头的东西,左边连接缰绳的一头儿,以便人操纵控制牲口。

【简析】贵的东西都买了,跟它相配的小物件儿反而不买或舍不得买。用反问语气指责人大处不算小处算。

☆ 卖胳膊肘儿

【简析】同"耍胳膊根儿"。

☆ 满脸跑眉毛

【简析】指善于做眉眼动作。

☆ 满脑袋高粱花子①

【注释】①高粱花子(gāolianghuāzi):高粱开花结穗时落下的花絮。

【简析】头上有很多高粱花子,说明他是农民。因为农民在高粱吐穗时在地里劳动,高粱花子很容易落在其头顶上。此语形容人土气。

☆ 满脑袋糨子①

【注释】①糨子(jiàngzi):糨糊。

【简析】形容极其糊涂。

☆ 满山赶雀儿①,家里舍②个大公鸡

【注释】①雀儿(qiǎor):鸟雀。②舍:舍弃。

【简析】比喻舍本逐末，因小失大。

⭐ 满嘴跑火车
【简析】指信口开河，随意乱说。

⭐ 满嘴跑舌头
【简析】同"满嘴跑火车"。

⭐ 漫天要价儿，就地还钱
【简析】意思是，卖方把价钱要得很高，买方把价钱还得很低。"漫天要价儿"是商业上的一种不良习俗。随着现代商业诚信规则的建立，这种不良习俗将会逐渐消失。有时也用于泛指。

⭐ 忙得滴溜儿转
【简析】形容极其忙碌。

⭐ 忙得脚丫子朝上
【简析】形容极其忙碌。

⭐ 忙得脚丫子朝天
【简析】同"忙得脚丫子朝上"。

⭐ 忙得四脚朝天
【简析】同"忙得脚丫子朝上"。

- M -

⭐ 猫儿盖屎
【简析】猫拉屎以后，会用爪子草草刨点儿土盖在上面。比喻某人所做的活计不认真，随意敷衍。

⭐ 猫一天，狗一天
【简析】形容孩童常常几天欢势，几天闹病。

⭐ 冒傻气
【简析】在人面前说傻话，或做二百五的动作。

⭐ 没熬过来
【简析】慰问语。对别人亲属死去的委婉说法。

⭐ 没憋好屁
【简析】比喻正打坏主意。

⭐ 没吃过猪肉，还没见过猪跑？
【简析】比喻即使没有亲自做过、经历过，但是总还听说过，不至于一点儿也不懂。

⭐ 没打着狐狸，倒惹一身臊
【简析】比喻没有得到所希望的结果，反倒给自己引来麻烦或惹出事非。

⭐ 没缝儿下蛆
【简析】比喻无中生有地造谣生事。

北京惯用语集释

☆ 没好果子吃
【简析】比喻得不到好对待。

☆ 没黑价①，带白儿②
【注释】①黑价：黑夜。②白儿：白日。
【简析】形容没日没夜、一天到晚地做事。

☆ 没红过脸儿
【简析】比喻关系融洽，没有因一件事起过争执或冲突。多用于比喻婆媳之间、姑嫂之间或妯娌之间关系融洽。

☆ 没见过羊上树
【简析】羊根本不会上树。表示不相信别人所说的是真事、是事实。

☆ 没解开扣儿
【简析】比喻没想清楚、弄明白。

☆ 没理搅三分
【简析】形容人不讲道理，胡搅蛮缠。

☆ 没笼头的马
【简析】比喻没有任何约束或管束的人。

☆ 没那个事！
【简析】用于否定谈话对方所说事实的存在。

- M -

⭐ 没那么八宗儿事!
【简析】用于对某件事实存在的否定。意思是,根本没有那么回事。

⭐ 没屁股眼儿①的事
【注释】①屁股眼儿(pìguyǎnr):肛门。
【简析】比喻缺德的事。

⭐ 没绕过扣儿来
【简析】比喻没有把事情弄明白。

⭐ 没人把你当哑巴卖喽!
【简析】用于指斥某人对某事不该多嘴,或制止其多嘴。

⭐ 没三块半豆腐高
【简析】形容某人身材非常矮小(有贬义)。

⭐ 没失闲儿
【简析】形容手脚闲不住,总是忙活。

⭐ 没事人儿似的
【简析】形容某人装得像该事与己无关似的(实际上就是他自己做的)。

⭐ 没事一大堆
【简析】形容某人对应该做的事或所发生的事全然不当

回事。

⭐ 没有鸡蛋，还不做糟糕喽?

【注释】①糟糕（cáogāo）：也叫"糟子糕"。用小木槽制成的蛋糕。

【简析】比喻缺了某人参与，事情照样能做。用于某人对做某事提出苛刻条件或拒绝参加时。

⭐ 没有王屠夫，还吃连毛儿猪①?

【注释】①连毛儿猪（liánmáorzhū）：宰杀后未曾煺毛的猪。

【简析】同现在常说的"离了他，地球就不转啦"。意思是，离了谁都可以，事情照样做。

⭐ 没长前后眼

【简析】比喻不可能把未来都预见到。

⭐ 没咒儿念了

【简析】比喻没有办法了。

⭐ 没准稿子

【简析】比喻某人做事没有一定的主意或办法。

⭐ 没准谱儿

【简析】比喻某人心中没准主意或做事靠不住。

- M -

☆ 没嘴儿的葫芦

【简析】比喻沉默寡言、不善言谈的人。

☆ 没罪找枷扛①

【注释】①枷（jiā）：旧时套在嫌犯或罪犯脖子上的木制戒具或刑具，使用时连同双手一起锁住。

【简析】比喻自寻负担和苦恼。

☆ 眉毛胡子一把抓

【简析】比喻工作上主次不分，不知道孰轻孰重，不知道先做哪个后做哪个。

☆ 面和心不和

【简析】双方表面上关系不错，内心深处却互有不满或芥蒂。

☆ 摸了锅台，摸炕沿儿

【简析】讥讽某人干活儿磨磨蹭蹭，没有利索劲儿。

☆ 摸摸脑袋算一个

【简析】同"拍拍脑袋算一个"。

☆ 磨破喽嘴，跑断喽腿

【简析】形容费了很多唇舌，跑了很多路。多指为某人某事奔波劳累。

北京惯用语集释

⭐ **磨破喽嘴皮子**

【简析】形容说了许多话，费了许多唇舌，反复叮嘱。

⭐ **磨扇子[①]压住手了**

【注释】①磨扇子（mòshànzi）：磨的上片。

【简析】比喻个人遇到了难于克服的经济困难。此说法已有比较长的历史了，元杂剧中已见到。

N

⭐ 拿大帽子压人

【简析】比喻用无限"上纲"的办法吓唬人。

⭐ 拿得起,放得下

【简析】形容人心里容得下事。

⭐ 拿人当猴儿耍

【简析】比喻故意耍弄人。

⭐ 拿人当驴使

【简析】比喻让人拼命干活儿。

⭐ 拿窝头不当干粮

【简析】指小瞧、不重视某人,不拿某人当回事。

⭐ 拿着不是当理说

【简析】指某人不说理或讲歪理。

北京惯用语集释

⭐ **哪儿的黄土不埋人？**

【简析】意思是，死在哪里都一样。比喻不必死守在一个地方舍不得离去。常用于说为了谋求更好的生活应该出去闯荡，不必舍不得离开故土。

⭐ **哪儿凉快上哪儿待着去！**

【简析】也说"找凉快地界儿歇着去"。斥责语。意思是，一边儿去，这儿没你的事，别在这儿插嘴或参与。

⭐ **哪儿算一站？**

【简析】同"到哪儿算一站"。

⭐ **男子汉，大豆腐**

【简析】仿"男子汉，大丈夫"而来。用于说某人无能，什么事情也做不了（用于男人）。这是女子对男子的戏谑语。

⭐ **脑袋别在裤腰带上**

【简析】比喻随时都有牺牲掉性命的危险（多用于形容对敌地下工作的危险）。

⭐ **脑门子①上又没贴贴儿！**

【注释】①脑门子（nǎoménzi）：前额。

【简析】意思是，他是不是坏人又没用纸片儿写出来贴在前额上，别人怎么会知道。

⭐ 闹①一肚子好下水②

【注释】①闹:落得,落下。②下水(xiàshui):用作食品的猪、羊、牛等牲畜的内脏。此处指人的内脏。

【简析】意思是,所从事的工作不怎么样,薪酬也不多,吃得却很好。

⭐ 闹一肚子好杂碎①。

【注释】①杂碎(zásui):煮熟后供食用的猪、羊、牛等牲畜的内脏。

【简析】同"闹一肚子好下水"。

⭐ 哪个坟头儿是骂死的?

【简析】意思是,没有哪一个坟头儿里的人是被骂死的。比喻骂人没有用,做坏事的人不怕骂。

⭐ 哪个猫儿不吃腥

【简析】比喻男人没有不贪色的。有时,也用于比喻官员没有不贪财的。

⭐ 哪壶不开提哪壶

【简析】比喻别人不愿意提那件事情,但他非说那件事情。

⭐ 哪阵风儿把您刮来了?

【简析】套语。用于说某人轻易不来,来得突然或难得。

北京惯用语集释

☆ 脓①不唧，尿不唧

【注释】①脓：北京方言念 néng。
【简析】形容为人懦弱（多用于男青年）。

☆ 能把死人说活喽

【简析】形容某人能说，不厌其烦地从多方面反复讲述一个道理。

☆ 能①可信其有，不可信其无

【注释】①能：北京方言将连词"宁（nìng）"说成"能（néng）"。
【简析】指不能确定的信息宁可相信确有其事而预先作准备，也不可轻易认为无事而放松警惕。

☆ 你吃了横人肉啦？

【简析】用反问句式斥责某人态度为何如此蛮横。

☆ 你敢情会说！

【简析】意思是，你所说的情况理应如此。

☆ 你还在腿肚子里转筋呢！

【简析】意思是，那时你还没出生呢！

☆ 你敬我一尺，我敬你一丈

【简析】意思是，你敬重我，我就会更加敬重你。这是人的一种处世原则。

⭐ 你说东，他说西；你指狗，他骂鸡

【简析】指某人很特别，说话、做事总是跟别人拧巴着。

⭐ 你我他仨

【简析】形容人缺乏礼貌，说话时该用敬辞"您"而不用。有时，也用于说人没大没小，不懂得长幼尊卑，该用"您"时随意用"你"。

⭐ 你一言，我一语

【简析】表示在场的人说什么的都有。有时也表示气氛活跃，发言热烈。

⭐ 你有来言，他有去语。

【简析】意思是，你说他什么他都有话反驳你。形容在尊长面前不知道谦恭。

⭐ 你有千条妙计，他有一定之规

【简析】意思是，什么办法也不能改变他的主意。形容某人固执。

⭐ 你知道什么啊？

【简析】在谈话中，通过反问的形式否定对方的说法，以引出自己认为正确的看法。

⭐ 你走你的阳关道[①]，我走我的独木桥

【注释】①阳关道：古代经过敦煌西南的阳关（今甘肃敦

煌西南）通往西域的大道。后泛指交通便利的大道。
【简析】比喻各走各的路，互不干涉。

☆ 蔫人①豹子胆
【注释】①蔫人（niān rén）：性格温顺且不多言多语的人。
【简析】老实巴交、不声不响的人在某个特殊时刻却可以显出非凡的胆量，做出常人做不出的举动来。

☆ 年岁不饶人
【简析】同"岁数儿不饶人"。

☆ 您高①高手儿，我就过去了
【注释】①高：使高。此处意为抬。
【简析】意思是，您略微原谅一下，我就没事了（用于向人求情时）。也常单说"您高高手儿"。

☆ 牛儿不喝水，强按犄角
【简析】比喻本人不愿意做某事，却被强迫做某事。

☆ 牛蹄子，两瓣子
【简析】比喻双方不是一条心，各有各的打算。

P

⭐ **爬柳树**
【简析】比喻别人念或背（诗文）时，跟着别人念或背（自己不会单独念或背）。

⭐ **怕把你当哑巴卖喽啊？**
【简析】同"没人把你当哑巴卖喽"。

⭐ **怕掩①住尾巴**
【注释】①掩：夹。
【简析】讥讽某人进出该随手关门而不随手关门。

⭐ **拍到马蹄子上了**
【简析】比喻拍马屁拍错了地方（反而引来了没趣）。

⭐ **拍拍脑袋算一个**
【简析】形容在选人用人上条件要求极低，不管是什么条件的人都不加选择地一律接纳。

北京惯用语集释

⭐ 拍屁股就走
【简析】形容说走就走，丝毫不管还有什么事情要做。

⭐ 拍胸脯儿想一想
【简析】比喻应扪心自问自己做的是否符合天地良心。

⭐ 攀高枝儿
【简析】比喻巴结有权有势的人。

⭐ 盼星星，盼月亮
【简析】形容盼望得急切。

⭐ 披①片儿抱砂锅
【注释】①披：北京方言念 pēi。
【简析】比喻过乞讨的生活。

⭐ 赔本儿赚吆喝
【简析】比喻白辛苦忙活，没有任何收益。

⭐ 盆儿朝天，碗儿朝地
【简析】形容饭后锅碗瓢盆没有很好地收拾，非常凌乱。也比喻东西放得非常乱，到处都是。

⭐ 盆儿天，碗儿地
【简析】同"盆儿朝天，碗儿朝地"。

— P —

⭐ 碰钉子
【简析】比喻遭到拒绝。

⭐ 碰了一鼻子灰
【简析】比喻遭到了拒绝、顶撞。

⭐ 皮笑肉不笑
【简析】形容不是发自内心的笑而是假笑。

⭐ 屁颠儿屁颠儿的
【简析】形容得意后轻狂的样子。

⭐ 屁股眼子①臭,能剜下去吗?
【注释】①屁股眼子(pìgu yǎnzi):肛门。
【简析】反问语。比喻自己的亲属再不好也还是自己的亲属,亲情关系是割不断的。

⭐ 平时不烧香,急来抱佛脚
【简析】比喻平时不积极作准备,事到临头才忙于应付。

⭐ 破鼓乱人捶
【简析】比喻人失势时人人都想欺负他。

⭐ 破罐子破摔
【简析】比喻人遇到重大挫折以后丧失信心,自暴自弃,不思进取,自甘堕落。

⭐ 破裤子先伸腿

【简析】讥指参与不该参与的事。

⭐ 破屁股嘴

【简析】形容嘴巴毫无遮拦,什么都敢说。

⭐ 破屋,漏锅,病老婆

【简析】屋破,一下雨就从房顶上往屋里滴水;锅漏,做饭时一往锅里添水就往锅底下漏,容易干锅;老婆有病,不但做不了家务活,还需要别人伺候。此所谓旧时成年男子居家过日子三件烦心事。

Q

⭐ 七不服，八不忿儿

【简析】形容非常不服气。

⭐ 七不依，八不饶

【简析】形容发生问题或矛盾冲突时跟对方反复纠缠，怎么也不愿意把事情了断。

⭐ 七杈子，八杈子

【简析】比喻事情头绪繁多。

⭐ 七大姑，八大姨

【简析】形容远近各种亲戚。

⭐ 七碟儿①，八碗儿

【注释】①碟儿（diér）：碟子。盛菜肴的小浅瓷盘儿。
【简析】比喻菜肴丰盛。

七个不依，八个不饶
【简析】同"七不依，八不饶"。

七姑姑，八姨儿
【简析】同"七大姑，八大姨"。

欺负老好子①，打没劲儿的
【注释】①老好子（lǎohǎozi）：脾气随和、待人厚道、不得罪人的人。
【简析】比喻专门欺负弱者。

骑着脖子拉屎
【简析】比喻欺人太甚。

起个大早儿，赶了个晚集
【简析】比喻行动虽早，结果却落在了后边。

起哄架秧子①
【注释】①架秧子（jià yāngzi）：原指怂恿阔少吃喝嫖赌挥霍钱财，现指怂恿别人干坏事。此处的"秧子"指财主秧子，即富家子弟。
【简析】用于指斥年轻人胡乱起哄胡闹。

起鸡皮疙瘩①
【注释】①鸡皮疙瘩（jīpí gēda）：由于突然受冷或惊吓导致皮肤上起的小疙瘩。

【简析】比喻听到的事情让人感到毛骨悚然，或者某人说的话让人感到肉麻。

⭐ 起五更，爬半夜

【简析】形容起早贪黑，十分辛苦。

⭐ 气不打一处儿来

【简析】形容非常生气。

⭐ 气黑①人家有②，笑话③人家没有

【注释】①气黑（qìhēi）：嫉妒。②有：指日子过得富足。③笑话（xiàohua）：耻笑。

【简析】别人家的日子过得好，就嫉妒人家；别人家的日子过得不好，就耻笑人家。这是一种非常不好的人品。

⭐ 气人有，笑人无

【简析】同"气黑人家有，笑话人家没有"。

⭐ 气死活人不偿命

【简析】形容非常让人生气，但又毫无办法、无可奈何。

⭐ 千不该，万不该

【简析】形容极其不应该。

⭐ 千叮咛，万嘱咐

【简析】形容一再嘱咐。

北京惯用语集释

⭐ 千里姻缘一线牵
【简析】男女二人只要有缘分，即使相距很远，也能结为夫妻。

⭐ 千人骂，万人恨
【简析】形容某人人品极其恶劣，做尽了坏事。

⭐ 牵着不走，打着倒退
【简析】形容人不知好歹，形势好、有人帮助时不积极做某事，形势不利、无人帮助时反倒积极起来。

⭐ 前锛拉，后把子
【简析】前额和后脑勺长得向前后凸出。这是说头长得不好（多用于男孩儿）。

⭐ 前锛拉，后凿子
【简析】同"前锛拉，后把子"。

⭐ 前不着①村儿，后不着店儿
【注释】①着（zhāo）：挨近，靠近。
【简析】意思是，前边儿和后边儿都没有人家，无法找到借宿或暂避之处。

⭐ 前门、西单、鼓楼前，九坛、八庙、颐和园
【简析】前者是京城商业繁华之地，是购物的好地方；后者有园林美景，是游玩最佳之地。

- Q -

⭐ 前怕狼，后怕虎

【简析】形容做事瞻前顾后，顾虑重重。

⭐ 前腔儿贴后腔儿

【简析】指肚子已经饿瘪。形容饿到了极点。

⭐ 前人撒土，迷了后人的眼

【简析】前人做事情应该给后人做榜样，不给后人做榜样而给后人坏影响（即"迷后人眼"）是不对的。

⭐ 前人栽树，后人乘凉

【简析】前人劳动奋斗，多是为了子孙后代享受。

⭐ 前头有车，后头有辙

【简析】这是一种申诉语。比喻事有前例。用于某件事情被认为不应该做或不合理时。

⭐ 前心贴后心

【简析】同"前腔儿贴后腔儿"。

⭐ 前言不搭后语

【简析】意思是，话语前后不相连贯、不衔接。形容语无伦次。

⭐ 钱不咬手

【简析】比喻钱对人只有好处没有害处，越多越好。

北京惯用语集释

⭐ 枪杆[1]了

【注释】①枪杆（qiānggan）：指玉米秸秆儿长成后始终没有结实。

【简析】比喻某男子由于始终没有找到妻子要打一辈子光棍儿，不会有后代了。

⭐ 墙倒众人推

【简析】比喻人一旦失势，大家都诋毁他、欺负他。有时跟"破鼓乱人捶"连说。

⭐ 墙里开花儿墙外香

【简析】比喻一个人的业绩在他所在的单位或部门不被认可，在外边儿却受到了充分的赞扬与肯定。

⭐ 墙头儿草，随风倒

【简析】比喻立场不稳、左右摇摆，哪边儿势力强就倒向哪一边儿。

⭐ 抢孝帽子[1]哪?

【注释】①孝帽子（xiàomàozi）：丧仪期间，死者儿孙辈所戴的白布帽子。

【简析】詈语。意思是，你不顾周围的人，这样乱跑乱撞做什么？

⭐ 瞧你那点儿起子！

【简析】意思是，瞧你那点儿出息！此语在觉得别人说的话、做的事没出息时说，多用于大人对孩子或晚辈。

⭐ **亲是亲，财是财**
【简析】虽为亲戚关系，但在钱财问题上也得分清楚，该是谁的就是谁的，欠的债款该还也得还，该还多少就得还多少。

⭐ **青一块，紫一块**
【简析】形容磕碰击打后外伤皮肉里有多处瘀血痕迹。

⭐ **清汤寡水儿**
【简析】形容汤食太稀，里面放的食料过少。

⭐ **晴天一声霹雷[①]**
【注释】①霹雷（pīléi）：霹雳，一种响声极大的雷。
【简析】比喻突然发生的一件惊人事件。

⭐ **穷得叮当响**
【简析】形容极其穷困。

⭐ **穷掉渣儿了**
【简析】形容极其穷困。

⭐ **求[①]爷爷，告[②]奶奶**
【注释】①求：央求。②告：央告。
【简析】形容到处央求人，向人说好话，求人帮忙。

北京惯用语集释

☆ 觑①着缝儿钻

　　【注释】①觑（qū）：眼睛专注地找。
　　【简析】形容想方设法、千方百计地钻营。

☆ 全须全尾儿

　　【简析】指售卖的蛐蛐儿、蝈蝈儿须尾齐全（须尾不全则不值钱或根本没人要）。借指人没有受到任何伤害。

☆ 缺德带冒烟儿

　　【简析】形容所作所为阴损毒辣。

☆ 缺胳膊短①腿

　　【注释】①短：缺少。
　　【简析】1.指人或动物四肢不全。2.比喻器物配件不齐全。3.比喻所书写的汉字笔画不全。

☆ 瘸驴儿配破磨

　　【简析】比喻双方都有大的身体缺陷，谁也别挑谁，配成一对儿正好。此语常用于说人的婚配。不过，此语缺乏对残疾人的同情与尊重，对身体有缺陷的人是不礼貌的。

R

⭐ 让卖肉的剔了骨头去啦?

【简析】用反问的形式指斥人在不应该躺着的时候躺着（多用于指斥自己的丈夫或儿子）。

⭐ 让你打发要饭的哪?

【简析】斥责语。用于说别人给自己的钱太少。

⭐ 让人戳脊梁骨

【简析】比喻背后遭人议论、指责、耻笑。

⭐ 让人当枪使

【简析】比喻被人用来攻击别人。

⭐ 让人家把你卖喽都不知道!

【简析】指某人傻，缺乏心计，或缺乏防范意识。

⭐ 让人家撅①了个对头弯儿②

【注释】①撅（juē）：折（棍状物）。②对头弯儿：两段呈

平行状态的弯度。

【简析】形容某人彻底栽在了某人手下。

★ 让人家卖了还帮人家数钱呢！

【简析】形容某人所作所为极傻。

★ 让人笑掉大牙

【简析】形容某人所说的话、所做的事情可笑至极。

★ 让哑巴说话

【简析】形容逼人太甚。

★ 绕不过弯儿来

【简析】比喻对某个道理想不明白。

★ 绕住扣儿了

【简析】也说"背住扣儿了"。比喻一时糊涂，没想明白。

★ 惹不起，躲得起

【简析】对于蛮横不讲理或仗势欺人的人，可以躲开不理他。这是一种明哲保身的生活态度。

★ 热脸贴冷屁股

【简析】比喻热情友好的态度却遭十分冷淡的对待。

- R -

⭐ 人不人，鬼不鬼

【简析】形容不像个人样儿。

⭐ 人的名儿，树的影儿

【简析】一个人的名声是自己留下来的，你人品怎么样，大家都会知道。此语频见于明代小说《金瓶梅》，今天依然应用于百姓的日常语言中。

⭐ 人家摸，你也摸

【简析】在北京地区，"摸"白读音念 māo。"也摸"与"野猫"谐音。用于玩笑时的俏口。

⭐ 人家偷驴，你拔橛子[①]

【注释】①橛子（juézi）：楔在墙上或地面供挂物或拴牲口的短木棍。

【简析】比喻代人受过。

⭐ 人模狗样儿的

【简析】指行为、打扮像模像样儿（多用于男性青少年）。

⭐ 人生地不熟

【简析】指初到某地人地两生。

⭐ 人生三不幸

【简析】指少年丧父、中年丧妻、老年丧子。

北京惯用语集释

⭐ **人五人六的**

【简析】形容人没有参与那种事情的身份、威望,却缺乏自知之明而装出是个人物的样子。

⭐ **人嫌狗不待见**

【简析】比喻没有人喜欢,谁都讨厌(多用于男青少年)。

⭐ **人要倒霉,喝口凉水都塞牙**

【简析】比喻如果运气不好,干什么事都不顺利,什么倒霉事都可能摊在自己头上。

⭐ **人嘴两张皮**

【简析】形容说话没准儿。对同一件事情,有人这样说,也有人那样说;同一个人对同一件事情,也可能一时这样说,一时那样说。有时跟"言是又言非"连用。

⭐ **扔了**

【简析】"死了"的委婉语。用于说别人家的婴幼儿死了。

⭐ **扔在脖子后头**

【简析】比喻把该放在心上的事不放在心上,丢在一边不管。

⭐ **肉烂在锅里**

【简析】比喻表面儿上浪费了,实际上所消耗的东西都用

- R -

在了同样的方面。

⭐ 软喽欺负,硬喽怕
【简析】这是"欺软怕硬"的通俗说法。

S

⭐ 仨①饱儿，一个倒儿②

【注释】①仨："三个"的合音。②倒儿：这里指躺下（睡觉）。

【简析】一天吃三顿饱饭，睡一夜好觉。比喻生活安逸无忧。

⭐ 仨瓜俩枣儿

【简析】比喻极少量的钱财。

⭐ 仨钱儿油，俩钱儿醋

【简析】比喻极其琐细的事情。

⭐ 仨一群儿，俩一伙儿

【简析】指三三两两的人群（用于说多人议论某事）。

⭐ 三八赶集，四六不懂

【简析】比喻不懂得基本的道理和人情（多用于男青年）。

⭐ 三步一岗，五步一哨
【简析】形容岗哨林立，守卫戒备森严。

⭐ 三分像人，七分像鬼
【简析】形容已经被折磨得没有人样儿。

⭐ 三句话不离本行
【简析】比喻言谈总是离不开自己的职业范围或自己喜欢和感兴趣的事情（有讥讽意味）。

⭐ 三青子，二愣子
【简析】泛指不三不四的青年。

⭐ 三请诸葛[①]
【注释】①诸葛（Zhūgě）：复姓。此处指三国时期蜀汉丞相诸葛亮。民间传说，他能掐会算，料事如神。
【简析】东汉末年，刘备三顾茅庐请诸葛亮出山，以帮助他打天下。此语指多次相请，形容某人难请。

⭐ 三十六个转轴儿[①]，七十二个心眼儿
【注释】①转轴儿（zhuànzhóur）：比喻随机应变的能力。
【简析】形容头脑异常机敏，心眼儿极多。

⭐ 三十六计[①]，走[②]为上计
【注释】①计：计策。②走：跑。古代，"跑"说"走"，"走"说"行"。

【简析】用于说对待某事时跑掉、躲开或溜走是最好的办法。

三十儿晚上月亮底下还你钱

【简析】农历每月三十日晚上，天空没有月亮。此语的意思是，我欠你的钱不是不还，是没有时间还你。

三天不打，上房揭瓦

【简析】这是家长训斥男孩子的话。意思是，得经常挨打，否则就要胡乱闹腾、惹是生非。

三天打鱼，两天晒网

【简析】指做事情没有长性儿，中间经常停顿、耽搁。

三下五除二

【简析】原为珠算加法口诀（应该加3，却在横梁上加了5，所以应该在横梁下再去掉2），现常用于形容干脆利落。

三一三十一

【简析】原为珠算除法口诀，即1除以3得0.3余1。现常用于说三人均分（钱物）。

杀鸡给猴儿看

【简析】比喻惩罚一个人是为了警告、威吓其他人。

杀人不眨眼

【简析】形容心狠手辣，非常残忍。

⭐ 杀人像捻死个蚂蚁似的
【简析】形容不把人命当人命，随意杀人。

⭐ 傻老婆等汉子①似的。
【注释】①汉子（hànzi）：男人。此处指结婚的对象。
【简析】比喻只是消极等待某件好事，不知道主动努力去争取。

⭐ 上不着天儿，下不着地儿
【简析】形容两者都巴不上边儿。

⭐ 上刀山，下火海
【简析】比喻进入危及生命的境地。

⭐ 上顿儿不接下顿儿
【简析】同"吃了上顿儿没下顿儿"。

⭐ 上轿扎耳头眼儿
【简析】同"现上轿，现扎耳头眼儿"。

⭐ 上京绕怀来儿
【简析】这是北京南边儿农民常说的话。因为怀来（河北省与北京市相邻的一个县）在北京市西北，如果从北京南边儿先到怀来再到北京，就绕道儿太多了。此语用来讥讽做某事无端增加手续、不怕费事的人。

北京惯用语集释

☆ **上炕认得媳妇儿，下炕认得鞋**
【简析】讥讽某人六亲不认或孤陋寡闻、见识狭窄。

☆ **上气儿不接下气儿**
【简析】形容气喘吁吁的样子。

☆ **上天无路，入地无门**
【简析】形容已经陷入了绝境。

☆ **上天言①好事**
【注释】①言：说。
【简析】旧时，灶神对联的上联常用此语。比喻见上司时多说好话，别惹出事端来。

☆ **上头笑着，脚底下就使绊子**
【简析】比喻某人阴险狡诈，表面上友善，暗地里却给对方出难题制造麻烦。

☆ **上无片瓦，下无立锥之地**
【简析】形容没有一点儿财产，生活极其窘困。

☆ **上下没条线儿**
【简析】形容全身赤裸，一丝不挂。

☆ **上眼皮跟下眼皮打架**
【简析】形容困得直打瞌睡。

⭐ 上眼药儿

【简析】比喻在尊长或领导面前打小报告儿或说别人的坏话。

⭐ 上有老，下有小

【简析】上面有老人需要赡养，下面有子女需要抚养。形容家庭负担重（常用于说中年人生活的不易）。

⭐ 上知天文，下知地理

【简析】常用于形容某人知识广博。传说，诸葛亮就是"上知天文，下知地理"的人。

⭐ 上嘴唇碰下嘴唇

【简析】比喻随便一说，或说得轻巧。

⭐ 烧高香

【简析】给神佛烧长而粗的香，以求神佛保佑赐福。用于说自己或别人难于实现的愿望即将实现或已经实现。

⭐ 烧鸡大窝脖儿

【简析】比喻碰了钉子，弄了个没趣。

⭐ 烧香佛爷[1]掉屁股[2]

【注释】①佛爷（fóye）：佛教徒对释迦牟尼的尊称，泛指佛教的神。②掉屁股（diào pìgu）：指转身。

【简析】比喻总是碰不到好运气，办事总是不顺利或办不成。

⭐ 舌头打不过弯儿来
【简析】形容由于受冻或紧张等原因使得说话不利索或说不出话来。

⭐ 舍不得年糕，舍不得粽子
【简析】比喻两方面都要兼顾，结果哪方面都做不好。

⭐ 舍车马，保将帅
【简析】象棋术语。比喻舍弃次要的，保住主要的。

⭐ 舍命不舍财
【简析】宁可丢掉性命，也舍不得丢掉钱财。形容把金钱看得比性命还重要。

⭐ 舍命陪君子
【简析】比喻不顾自己而陪同别人做某事。

⭐ 谁跟钱有仇啊？
【简析】用反问形式说"没有人跟钱有仇"，人人都希望钱多，认为钱越多越好。

⭐ 谁跟钱有够啊？
【简析】同"谁跟钱有仇啊"。

⭐ 谁说不是呢?

【简析】接续语。表示同意别人的意见,然后接着别人的话茬儿说出自己的想法和意见。

⭐ 谁相[1]你哪?

【注释】①相(xiāng):亲自观看某人,看其是否符合自己的心意(多用于找婚配对象)。

【简析】意思是,没有人相看你。用于讥讽某人外出前过于注重外表穿着(多用于男人)。

⭐ 谁有粉[1]不往脸上搽呀?

【注释】①粉:特指化妆时涂在脸上的粉团儿或粉面儿。

【简析】意思是,谁有条件不愿意做脸面事呢?

⭐ 谁蒸下馒头等着你,怕凉了不成[1]?

【注释】①不成:助词。用于句末,表示反问。

【简析】责怪对方为什么那样急着走。

⭐ 谁知道哪块云彩有雨呀?

【简析】同"不知道哪块云彩有雨"。

⭐ 伸大拇哥

【简析】表示赞扬、夸奖。

⭐ 伸手不见五指

【简析】形容漆黑一片,什么也看不见。

北京惯用语集释

⭐ **伸手不见掌**①

【注释】①掌：手掌。

【简析】同"伸手不见五指"。

⭐ **身不动，膀**①**不摇**

【注释】①膀：肩膀。

【简析】形容不事任何劳动，过不劳而食的生活。

⭐ **身在曹营**①**心在汉**②

【注释】①曹营：曹操的军营。特指三国时代曹操所建的魏国。②汉：指三国时代刘备所建的蜀汉。

【简析】在小说《三国演义》中，关云长在曹操手下时心里总是想着要回到刘备那儿去。比喻表面上为一方工作，实际上心却向着另一方。

⭐ **身在福中不知福**

【简析】比喻生活在很好的条件下却不知足或不知道珍惜。

⭐ **深喽不是，浅喽不是**

【简析】比喻说话的分寸难于掌握。

⭐ **深一脚，浅一脚**

【简析】在没有任何照明的夜里，迈步在坑坑洼洼、高低不平的道路上。形容道路极其难走。

⭐ **什么风儿把您吹来了？**

【简析】同"哪阵风儿把您刮来了"。

★ 神不知，鬼不觉

【简析】形容悄悄地、毫无声息地不让任何人知道、觉察地（做某事）。

★ 生不带来，死不带去

【简析】用于说钱是身外之物，不必太看重。

★ 生就①的骨头，长就的肉

【注释】①就：成，完成。

【简析】比喻已经定型的坏毛病不容易改掉。常用于说某人馋、懒、手脚不干净等恶习难以改掉。

★ 生米已做成熟饭

【简析】比喻已成事实，已无法改变回去。

★ 圣人面前卖书本儿

【简析】比喻在行家面前显摆本事。

★ 狮子大开口

【简析】比喻向别人所提的要求离奇得高。

★ 十个手指头还不一边儿①齐呢！

【注释】①一边儿（yìbiānr）：一般。

【简析】比喻人在品德修养、思想境界等方面总有一些差别，所以要求完全一致是不现实的，也是不可能的。此语即古人所说的"同是人，类不齐"。

⭐ 十个指头咬哪个都疼

【简析】比喻哪个孩子受到伤害自己都心疼（做母亲者常用）。

⭐ 十年河东，十年河西

【简析】比喻随着时间的变化情况也会随着变化，不会发财的永远发财，受穷的永远受穷，也不会有权势的永远有权势，处于底层的永远处于底层。

⭐ 拾不起个儿来

【简析】1.食物蒸熟后因松软不能从锅中或屉中整个儿拿起。2.形容日子过得不好，生活极度贫困。

⭐ 食亲财黑，不认人

【简析】形容某人贪婪、自私、吝啬。

⭐ 屎到屁股门儿①才拉

【注释】①屁股门儿（pìgumenr）：肛门。
【简析】比喻事前不预先作准备，事到临头才忙于应付。

⭐ 是那个庙，不是那个神儿了

【简析】比喻环境、地点没变，主人或领导已经换人了。

⭐ 是骡子是马，拉出来遛遛！
【简析】比喻到底有多大本事，就在一起比试比试或让大家看看。

⭐ 是一说一，是二说二
【简析】指说话应该实事求是，不应该说假话，不应该扭曲事实。

⭐ 是真假不了，是假真不了
【简析】同"真的假不了，假的真不了"。

⭐ 手缝儿大
【简析】形容花钱大手大脚，不知道节俭。

⭐ 手缝儿宽
【简析】同"手缝儿大"。

⭐ 手拿把攥儿的
【简析】形容非常有把握得到。

⭐ 手脚不干净
【简析】比喻有小偷小摸行为。

⭐ 手头儿紧
【简析】这是个人或家庭经济拮据的委婉说法。

北京惯用语集释

☆ 手无缚鸡之力
【简析】形容力气极小（旧时常用于说读书人）。

☆ 守着①烙饼挨饿
【注释】①守着：紧挨着；旁边就有。
【简析】比喻不用现成的条件解决眼前的问题。

☆ 受冤不受敬
【简析】形容某人不懂事理，不辨好赖人。

☆ 属噗吥噔儿①的
【注释】①噗吥噔儿（pūbūdèngr）：一种儿童玩具。用玻璃制成，一端平面圆形，极薄，引出一个长长的细管儿，从细管儿的开口处吹气、吸气；另一端的平面部分即振动作响发出"吥噔吥噔"的声音，而平面部分极易振动破碎。
【简析】形容人极其娇气。

☆ 属鸭子的，吃死食
【简析】用于说一个人在吃饭时一桌饭菜不知道交替轮换着吃，而是喜欢吃哪样就一个劲儿吃哪样。

☆ 属鸭子的，你还跟我踠哪？
【简析】用于说别人有话不直说而用文词儿（即转文）。

☆ 树叶儿掉下来怕砸住脑袋
【简析】比喻极其胆小怕事。

⭐ 耍巴人儿的
【简析】指靠手艺或卖劳力为生活来源的人。

⭐ 耍胳膊根儿
【简析】也说"卖胳膊肘儿"。比喻凭借力气大或有权势耍横，蛮横无理地欺负人。

⭐ 耍浑横儿
【简析】比喻胡搅蛮缠、蛮横无理，胡乱跟别人闹腾。

⭐ 甩手掌柜的
【简析】比喻对事情撒手不管的人。多指一个家庭或一个单位的主事者该管的事不管，该做的事不做，只一味地都推给别人。

⭐ 水葱儿似的
【简析】形容少女面容娇嫩。

⭐ 水过地皮湿
【简析】比喻层层剥皮、雁过拔毛。

⭐ 水落石出，雨过天晴
【简析】比喻真相已经大白，问题已经解决。

⭐ 水米没打牙
【简析】形容数顿没吃上饭、没喝上水。偏重于说没吃上饭。

北京惯用语集释

⭐ 睡得死猪似的

【简析】形容人睡得非常沉（只用于玩笑时说自己的朋友、伙伴等）。

⭐ 顺杆儿爬

【简析】比喻自己没主见，别人怎么说就跟着怎么说，别人怎么做就跟着怎么做。

⭐ 顺毛驴子

【简析】比喻只能鼓励夸奖不能批评，越鼓励夸奖越干得起劲儿，一听到批评就闹情绪不好好儿干的人。

⭐ 说不出来，道不出来

【简析】形容不会说话，不能申述自己的理由。

⭐ 说不清，道不明

【简析】形容事情究竟是怎么回事说不清楚。

⭐ 说曹操，曹操①就到

【注释】①曹操（Cáo Cāo）：三国时魏国的首领。
【简析】比喻刚提到某人，某人就来了。

⭐ 说出大天①来

【注释】①大天：骨牌中点儿最多的一张牌。
【简析】形容不管怎么说都不行，无论如何也不行。

⭐ 说大话，使小钱儿
【简析】比喻口头上大方或夸口吹嘘的现象。

⭐ 说到点子上了
【简析】指说到了核心处，或说到了关键问题。

⭐ 说到哪儿，做到哪儿
【简析】形容言行一致，不说空话、大话。

⭐ 说的比唱的好听
【简析】指某人专拣好听的说，尽说些不切实际、不解决实际问题的话。

⭐ 说得出来，做得出来
【简析】形容敢说又敢做，不顾及情面。

⭐ 说话带把儿[①]
【注释】①把儿：音 bàr。
【简析】指话语中捎带暗含对别人讥讽、嘲笑、攻击等意思。

⭐ 说话带刺儿
【简析】同"说话带把儿"。

⭐ 说你胖，你就喘起来了
【简析】比喻某人禁不住夸，一夸就来劲，越夸越逞能。

北京惯用语集释

⭐ 说什么，也不新鲜了
【简析】指事情已成定局，已不可改易转圜。

⭐ 说一千，道一万
【简析】比喻别人说话再多也不管用，也不起作用。

⭐ 说一是一，说二是二
【简析】比喻说话算数儿，说话顶用。

⭐ 说者无心，听者有意
【简析】说话的人只是随便一说，听话的人却从中听出了自己需要的信息。

⭐ 撕破脸儿了
【简析】比喻经过多次争吵，已经不再顾及情面。

⭐ 死不死，活不活
【简析】比喻处于极其艰难或两难的境地。

⭐ 死店活人开
【简析】意思是，办事应该有灵活性。

⭐ 死马儿当活马儿治
【简析】比喻事情已经到了无可挽回的地步，但依然采取挽救措施以寄希望于万一。

⭐ 死无葬身之地

【简析】咒骂语。意思是，死了没有埋葬的地方。

⭐ 死要面子活受罪

【简析】指为了脸面和虚荣心而不惜使自己的生活受影响。

⭐ 死榆木疙瘩

【简析】1. 比喻死脑筋，不容易开窍儿。2. 比喻死脑筋，不容易开窍儿的人。

⭐ 死在初一，晒到十五

【简析】诅咒语。咒骂别人死后无人收尸，无人埋葬。

⭐ 四脖子汗流

【简析】形容满头大汗、汗流浃背。

⭐ 四两拨千斤

【简析】旧时重量单位，一斤为十六两。多用于比喻一个人的领导能力强或说话管用。

⭐ 四六不成材

【简析】同"四五不要六"。

⭐ 四五不要六

【简析】也说"四六不成材"。意思是，材料做大的物件儿不够，做小的有富余。

酸甜苦辣咸

【简析】所谓"五味"。比喻人生道路上的各种遭际。

岁数儿不饶人

【简析】也说"年岁不饶人"。指随着年纪变老,体力、精力也逐渐衰弱。这是生命发展的必然现象。

T

⭐ 他不拿我当干粮，我还拿他当咸菜①？

【注释】①咸菜：用盐腌制的萝卜、蔓菁、芥菜疙瘩等。北京地区多用来早饭时佐餐。

【简析】意思是，他不拿我当回事，我还拿他当回事？

⭐ 他们俩一条腿儿

【简析】比喻二人互相串通、暗中勾连。

⭐ 抬杠①不跟②打幡儿③挣钱多

【注释】①抬杠：A.出殡时抬灵柩。B.比喻无谓地争辩。②不跟：不如。③打幡儿：出殡时举引魂幡导引前行（一般由长子承担此任）。

【简析】讥讽喜欢无谓地争辩者不应该无谓地争辩（抬杠）。

⭐ 抬死杠，不换肩儿

【简析】讥讽争辩时固执、钻牛角尖儿，认准一个死理不回头。

北京惯用语集释

☆ 太岁①头上动土

【注释】①太岁（Tàisui）：传说中的在地下运行的神。迷信认为，兴建土木工程掘土时要躲开它的方位，否则就要遭受灾祸。

【简析】比喻触犯有权势或力量强大的人。

☆ 贪贱买老牛

【简析】比喻贪图便宜买不能用或不便用的东西。

☆ 坛子胡同①闷三爷②

【注释】①坛子胡同：比喻死胡同儿。②三爷：一个虚拟人物。

【简析】比喻应该明白地告诉别人使其清楚知晓，而不应该不告诉别人使其对事情处于混沌、懵懂状态。

☆ 汤儿是汤儿，水儿是水儿

【简析】形容粥熬得不黏稠。

☆ 糖儿，豆儿，大酸枣儿

【简析】形容某人因多方顾及而怕这怕那，犹犹豫豫。

☆ 躺着比站着高

【简析】讥讽某人身材矮粗、肥胖（多用于熟人间的玩笑）。

- T -

★ 掏心窝子
【简析】比喻极其诚恳,毫无隐藏和保留。

★ 逃不出如来佛①的手心儿
【注释】①如来佛(Rúláifó):释迦牟尼。
【简析】源于明代神话小说《西游记》的话语。比喻下属无论怎样闹腾也终究摆脱不了上司的掌控。

★ 踢开前三脚儿
【简析】比喻到一个新的岗位首先得做出个好样子,或打开个好局面。

★ 踢破门槛子①
【注释】①门槛子(ménqiǎnzi):门框下部紧贴地面的横木。
【简析】形容某人去某家的次数极多,或登门相求的人数极多。

★ 提不到话下
【简析】指不重要,说与不说没有关系。

★ 提不起来
【简析】比喻不值一提(经常用于自谦)。

★ 天不怕,地不怕
【简析】形容什么都不怕,什么事情都敢做。

天打雷劈五雷①轰②

【注释】①五雷：刀砍称为"金雷"，木棍打称为"木雷"，水淹称为"水雷"，火烧称为"火雷"，土墙砸称为"土雷"，合称"五雷"。②轰：轰击。"五雷轰"，即死于五雷击。

【简析】比喻遭到横死的报应。多用于诅咒或发誓。旧时民间拜把子时常用。

天高皇帝远

【简析】指离帝都远的边远地方皇帝管不了。泛指离领导远的地方可以任意为非作歹、胡作非为，没有人管得了。

天上掉馅儿饼

【简析】比喻不做任何付出就得到某种好处（多用于否定说法）。

天上一脚，地下一脚

【简析】形容说话不着边际。

天塌不下来

【简析】比喻不要害怕，没什么大不了的。

天外有天，山外有山

【简析】指劝人应该开阔眼界，不应该眼界狭窄。

天知，地知，你知，我知

【简析】意思是，此事只有你我知道，不可让第三人知道。

- T -

⭐ 天字第一号

【简析】从前,对于数目多和种类多的东西,常用《千字文》文句中的字出现的顺序来编排次序。《千字文》全书第一句为"天地玄黄",因此"天"字就代表第一或第一号。现常用于形容最大的、头号儿的、绝无仅有的,有时也用于讥讽。

⭐ 舔碟子抹①嘴儿

【注释】①抹(māo):擦。

【简析】形容饭菜极少,一点儿也没剩下,甚至就餐的人都没能吃饱、吃够。

⭐ 笤帚疙瘩①打扮打扮还有三分人才呢!

【注释】①笤帚疙瘩(tiáozhou gēda):用时间过长且秒儿已磨断的短笤帚。

【简析】比喻人的穿着打扮很重要。

⭐ 跳到黄河洗不清

【简析】比喻遭到的误解或冤枉难于辩解或洗刷。

⭐ 贴膏药

【简析】比喻站在排好的队旁边随队慢慢前行并伺机插到队里。这是一种不遵守公共秩序的行为。

⭐ 铁杆儿保皇派

【简析】"文革"用语。比喻死保"走资本主义道路当权派"的个人或某些人。

北京惯用语集释

⭐ **铁杆儿汉奸**

【简析】比喻死心塌地为外国侵略者效力的人。抗战时期，经常用此语来称汪精卫。

⭐ **铁杆儿庄稼**

【简析】比喻稳定的、可靠的经济来源。

⭐ **听见风儿，就是雨儿**

【简析】比喻缺乏主见，盲目跟从。

⭐ **听见蝲蝲蛄①叫，就不种庄稼啦？**

【注释】①蝲蝲蛄（làlagǔ）：蝼蛄，一种农业害虫。在泥土中生活，昼伏夜出，专吃作物嫩茎。

【简析】比喻做事不必怕背后有人议论或有人反对，不必怕威胁、恫吓而放弃原来的计划和打算，该怎么做照样怎么做。

⭐ **听蝲蝲蛄叫去了**

【简析】比喻人已经死亡，并且已经埋入坟墓（缺乏尊重意）。

⭐ **听蛐蛐儿①叫去了**

【注释】①蛐蛐儿（qūqur）：蟋蟀。

【简析】同"听蝲蝲蛄叫去了"。

⭐ 听他的，两口子①都得分家

【注释】①两口子（liǎngkǒuzi）：夫妻二人。

【简析】亲哥儿弟兄成家以后一般要分家单过，夫妻除离婚外一般是不分家的。形容某人的话不靠谱儿，极不可信。

⭐ 捅了肺管子了

【简析】比喻揭了老底儿，说到了忌讳处、痛痒处。

⭐ 头顶马聚源①，脚踩内联升②

【注释】①马聚源：京城著名帽店。开业于1817年，店址在前门外鲜鱼口中间路南。清代至民国期间，以制作高档帽子闻名京城。②内联升：京城著名鞋店。开业于1853年，最早在东交民巷，后迁至前门外廊坊头条，1949年后迁至大栅栏。原主制朝靴，民国后改制圆口千层底儿布鞋，其千层底儿布鞋的声誉绵延至今。

【简析】用于说某人穿着阔气、时尚。

⭐ 头发长，见识短

【简析】比喻女人较男人目光短浅。这是轻视妇女的错误观念。

⭐ 头齐脚不齐

【简析】形容外出做客、出门子时没有穿着打扮好（多用于女性）。

⭐ **土掉渣儿了**

【简析】形容没见过世面、说话露怯，或穿着打扮不入时等。

⭐ **土里刨食儿**

【简析】意思是，像鸡一样谋生活。形容农民生活不易。

⭐ **吐口吐沫①掉在地上砸个坑儿**

【注释】①吐沫：音 tùmei。唾液。
【简析】比喻说话有分量，或说话算数儿、讲信用。

⭐ **兔子要能驾辕，谁还买大骡子啊？**

【简析】比喻能力差的人干不了大事。

⭐ **推合拉船儿**

【简析】比喻对应该做的事情互相推诿。

W

⭐ 挖坑儿

【简析】比喻给别人设陷阱。

⭐ 歪瓜裂枣儿

【简析】比喻人的长相不好或不成样子的一群人及特别难看的一些东西。

⭐ 歪毛儿，淘气儿

【简析】比喻不务正业、混迹于社会的人（多用于青年男性）。

⭐ 弯回去了

【简析】比喻死了（缺乏尊重意）。

⭐ 碗大，勺子有准儿

【简析】比喻吃了多少自己的肚子应该感觉得到。

⭐ 万般出在无计奈

【简析】指实在没有一点儿办法（解决当前的窘困状况）。

北京惯用语集释

⭐ 万变不离其宗
【简析】形式上变化很多,但本质上没有变化。

⭐ 万事不求人
【简析】指个人有任何事情都不请求别人帮助。常用于说某人条件好,要钱有钱,要设备有设备。有时,也用于自嘲,说自己死性。

⭐ 王八①大缩脖儿
【注释】①王八(wángba):乌龟或鳖的俗称。
【简析】比喻遇事退缩。

⭐ 王八、兔子、贼
【简析】比喻各种各样的坏人。

⭐ 往日无冤,近日无仇
【简析】意思是,从来没有过冤仇。这是从早期白话小说中传下来的话语。

⭐ 忘到脖子后头去了
【简析】比喻把别人托付的事情已经彻底遗忘。

⭐ 忘自个儿姓什么了!
【简析】同"连自个儿姓什么都忘了"。

⭐ 往里糊涂，不往外糊涂

【简析】讥指某人表面儿上糊涂，实际上在考虑自己利益方面很清楚。

⭐ 往里傻，不往外傻

【简析】讥指某人表面儿上憨实傻气、大大咧咧，实际上很能往对自己有利的方面算计。

⭐ 往脸上抹黑

【简析】比喻污蔑、丑化别人。

⭐ 往脸上贴金

【简析】比喻极力美化自己。

⭐ 往下坡儿溜

【简析】比喻集体中的某个成员的成绩或业绩不断退步。

⭐ 围着锅台转

【简析】比喻整日陷入日常家庭的琐事中。多用于描写旧时家庭妇女的狭小生活天地。

⭐ 卫生眼珠儿

【简析】比喻对人不满意时所示的白眼儿。

北京惯用语集释

⭐ 为什么许的？

【简析】责备自己的话。意思是，不应该做落这么大不是或埋怨的事。

⭐ 蚊子叮，屹蚤①咬

【注释】①屹蚤（gèzao）：跳蚤。

【简析】1.用于说难于避免的小伤害。2.比喻不值一提的伤害。

⭐ 我吃的盐比你吃的饭还多

【简析】比喻自己年纪大，阅历广，生活经验丰富。多用于长辈训诫晚辈而晚辈不听时。

⭐ 我的佛爷桌子！

【简析】惊叹语。同"我的妈！""我的天！""我的天主！"等。

⭐ 我过的桥比你走的路还多

【简析】同"我吃的盐比你吃的饭还多"。

⭐ 我还在闷葫芦罐儿里呢！

【简析】比喻自己受到了蒙骗却还处于毫不知情的境地。

⭐ 我七年不赶集了，八年不上庙了

【简析】用于说自己思想闭塞，对外界情况一无所知。

⭐ 我也不是说
【简析】谈话中的插入语。意思是,并非我多嘴。后面多引出批评该人的意见或对该人的指责。

⭐ 我这里的庙小,容①不下你这个大神亲
【注释】①容:容纳。
【简析】讥讽语。用于撵人离开自己掌控的机构或单位时(多用于认为某人自恃能力强觉得屈才时)。

⭐ 乌眼儿鸡似的
【简析】形容双方仇视、愤恨的神态。

⭐ 屋漏偏遭连阴雨,行船又遇顶头风
【简析】比喻前一个倒霉的事还没有过去,又遇到了另一个倒霉的事,即"祸不单行"。这是评书艺人常说的话,从早期白话小说中流传下来。

⭐ 无风三尺土,有雨一街泥
【简析】形容1949年前北京街面儿的情况。虽然有点儿夸张,但确实是当时北京真实情况的写照,与"刮风是香炉,下雨像墨盒子"反映的是同一情况。

⭐ 无事不登三宝殿①
【注释】①三宝殿(sānbǎodiàn):泛指佛殿。
【简析】比喻自己有事相求才来登门拜访。

⭐ 五百年前是一家

【简析】比喻同姓就是一家人。这是同姓者玩笑性的套近乎说法。

⭐ 五分钟热度

【简析】形容极度短暂的热情,即不能持久的热情。

⭐ 五脊儿六兽

【简析】原指建筑物顶上的动物装饰物,借指心里无着无落或浑身不舒服的感觉。

⭐ 五马换六羊

【简析】比喻不必要地胡乱更换东西。

⭐ 捂着耳头偷铃铛

【简析】比喻掩盖别人明明已经知道的自家的丑事。这是成语"掩耳盗铃"的通俗说法。

X

⭐ 西山的牛怎么死的？

【简析】意思是，你不要吹牛说大话。

⭐ 熄灯大瓦房

【简析】娶到丑陋妻子的人的戏谑性自慰语。意思是，一熄灯睡觉就无所谓美丑了。

⭐ 习惯成自然

【简析】指长时间多次这样做就自然而然成了习惯。

⭐ 细胳膊蜡腿

【简析】指胳膊、腿奇瘦。形容人瘦弱无力的样子。

⭐ 细腿连筋大脑壳

【简析】形容身体瘦弱的样子（只用于男性）。

⭐ 瞎猫碰死耗子

【简析】比喻由于凑巧偶然遇上好事，或实现愿望，或获

得成功。

☆ 下蛋不快占窝儿快
【简析】用于讥讽某人见好事就捷足先登。

☆ 下刀子
【简析】比喻极恶劣的雨天。常用于假设句中，后常接"也不怕"或"也敢去"。

☆ 下雨就有露水
【简析】比喻只要做点儿事情或付出点儿劳动就会有收益。

☆ 先来后到儿
【简析】指按到来的先后顺序（办理）。

☆ 先生，为什么不拿马竿儿？
【简析】旧时，在北京地区，教书的、管账的、书记员、医生、算卦的、看阴阳宅的都可以被称作"先生"。算卦先生一般是瞎子，走路时须用马竿儿探路。当你称别人"先生"时，别人有时会回说"先生，为什么不拿马竿儿？"。意思是，我不够资格称作"先生"。

☆ 先小人，后君子
【简析】比喻双方或多方在一起做事时应该事先把义务、权利等各项细节讲清楚，以免后面闹意见、起纷争。

⭐ 掀过篇儿去了
【简析】比喻先前双方不愉快的事情已经解决。

⭐ 掀过这篇儿去
【简析】比喻暂且放下某件不愉快的事情不提。

⭐ 闲言少叙，书归正传
【简析】此为评书艺人说评书时的常用语。意思是，从说闲话转入说书正题。用于日常谈话，也指把谈话转入正题。

⭐ 咸吃萝卜淡操心
【简析】讥讽某人关心跟自己毫无关系的事情。

⭐ 现上轿，现扎耳头眼儿①
【注释】①耳头眼儿（ěrtouyǎnr）：为戴耳坠、耳环等在耳垂处所穿的孔。
【简析】也有人简说为"上轿扎耳头眼儿"。比喻平时不作准备，事到临头才忙于应付。

⭐ 想吃鱼，又怕腥气①！
【注释】①腥气（xīngqi）：腥。
【简析】同"又想吃，又怕烫"。

⭐ 想起一出是一出
【简析】比喻某人做事缺乏计划而靠临时冲动，总是随意改变主意。

北京惯用语集释

⭐ 想起一者，是一者
【简析】同"想起一出是一出"。

⭐ 想一口吃个胖子
【简析】同"想一拳头砸出一眼井来"。

⭐ 想一拳头砸出一眼井来
【简析】比喻做事情急于求成。

⭐ 像不像，三分样
【简析】意思是，做得样子差不多就行了。

⭐ 像丢了魂儿似的
【简析】形容某人心神不定。

⭐ 像谁该他八百吊①钱似的
【注释】①吊：旧时钱币单位。一般一千个制钱为一吊。
【简析】形容某人面容冷峻，毫无笑容。

⭐ 像热锅上的蚂蚁
【简析】形容人焦躁不安的样子。

⭐ 像药忙儿似的
【简析】旧时，所卖的年画儿有一张《春耕图》，上面画一头牛，由一人牵着，牵牛者头戴斗笠，身披蓑衣，手执一鞭，有时甚至穿着一只鞋，肩背着一只鞋。牵牛者就叫药忙儿。此语用于指斥男孩儿鞋袜穿着不整。

★ 小车儿不倒只管推

【简析】比喻只要人不倒下，就要奋力工作。这是20世纪60年代北京市大兴县大白楼村几十年一心带领群众致富的优秀共产党员王国福（1922—1969）的一句名言。意思是，只要自己一天不倒下，就要为社会主义、为社员群众拼搏。

★ 小姐身子丫鬟①命

【注释】①丫鬟（yāhuan）：旧时富有之家雇用的姑娘。

【简析】比喻身子娇气、孱弱却没有好的生活条件，还总是吃苦受累。

★ 小武举①儿似的

【注释】①武举：科举时代通过比武考试选拔的武举人。

【简析】用于赞美青少年男子身体白胖健壮。

★ 鞋趿拉，袜趿拉①

【注释】①趿拉（tāla）：穿鞋袜时不把后跟儿提好，随意踩在脚下。

【简析】形容某人穿着邋遢。

★ 心比天高，命比纸薄

【简析】此语多用于姑娘寻找配偶时不顾自身条件要求严重脱离实际，以致愿望根本实现不了。

心肠儿宽
【简析】同"心缝儿宽"。

心缝儿宽
【简析】指心胸宽广,什么事都想得开、看得开。

心里明镜儿似的
【简析】形容内心非常清楚是怎么回事。

心里有杆秤
【简析】比喻知道是非曲直、公平与否。

心里有个小九九儿①
【注释】①小九九儿(xiǎojiǔjiǔr):珠算的乘法口诀。从 1×1 到 9×9 各是多少。
【简析】比喻心里有自己的盘算。

心凉了半截儿
【简析】比喻受到了意外的打击心里非常失望。

心往一处儿想,劲儿往一处儿使
【简析】指众人同心协力。

心有余而力不足
【简析】指心里想干,却力量不够。

☆ 新老账一块儿①算

【注释】①一块儿（yíkuàir）：一同，一起。
【简析】比喻新旧错误一起批判，新旧罪行一起追究。

☆ 行不更名，坐不改姓

【简析】意思是，在任何情况下都不改换姓名。表示为人堂堂正正、光明磊落，敢于负责到底（早期白话小说中常用）。

☆ 行得正，走得端

【简析】指行为端正、光明磊落。

☆ 省过味儿来了

【简析】形容已经醒悟，知道了是怎么回事。

☆ 行①屎都拉，就是不拉人屎

【注释】①行（xìng）：任何。
【简析】比喻一个人坏事做绝，一点儿好事也没干。

☆ 修理地球专业

【简析】这是对从事农业生产劳动的轻蔑说法。

☆ 修理门脸儿①

【注释】①门脸儿：城门外附近。
【简析】诙谐说法。指剃头刮脸。

⭐ 袖儿里来，袖儿里去

【简析】指旧时在市场上买卖牲口、古玩等时双方在衣下拉手商谈价钱。此语比喻私下交易。

⭐ 绣花儿枕头

【简析】比喻徒有其表而无真才实学的人，也比喻外表看起来聪明而实际很笨的人。

Y

⭐ 压不住茬子

【简析】比喻作为领导掌控不了局面,震慑不住下属。

⭐ 压不住阵脚

【简析】比喻领导掌控不了全局,控制不住局面。

⭐ 压炕坯

【简析】比喻无事在炕上闲躺着。

⭐ 鸦默雀静儿

【简析】1.形容一个人安静地在某处默默无声地待着(多用于男孩儿)。2.形容周围环境寂静无声的样子。

⭐ 牙齿儿剐

【简析】比喻从节约饮食开销上一点一滴地攒钱。

⭐ 烟不出,火不进

【简析】比喻某人慢性子且说不出道不出,十分窝囊的样子。

北京惯用语集释

⭐ **言语的巨人，行动的矮子**
【简析】形容某人只会夸夸其谈，从来不认真干事。

⭐ **盐打哪儿咸，醋打哪儿酸？**
【简析】用于质问别人事情的始末缘由何在。

⭐ **阎王爷叫你三更①死，谁敢留你到五更？**
【注释】①更（gēng）：旧时计时单位。一夜分为五更，每更大约两小时。"三更"为子夜前后，"五更"为黎明的时候。
【简析】意思是，命由天定，何时生死是由上天安排的，没有人管得了你的生死。这种说法既宿命论又迷信。

⭐ **眼大肚子小**
【简析】意思是，肚子已经饱了，可是还想吃。形容贪吃。

⭐ **眼都会说话**
【简析】形容人聪明伶俐、机敏。

⭐ **眼观六路，耳听八方**
【简析】形容人精明、机敏，方方面面的情况都能注意到。

⭐ **眼光儿高**
【简析】比喻要求高，看不上一般的。

⭐ **眼眶儿高**
【简析】比喻骄傲自大、看不起人。

- Y -

⭐ 眼泪往肚子里流
【简析】比喻强忍苦痛无处诉说。

⭐ 眼泪围着眼圈儿转
【简析】形容将哭的样子。

⭐ 眼里不下沙子，肉里不下刺
【简析】比喻对坏人坏事不容忍、不纵容。

⭐ 眼里插棒槌
【简析】比喻对对方不满便立即还以颜色，进行报复。

⭐ 眼皮直打架
【简析】形容极其困倦而直打瞌睡的样子。

⭐ 眼皮子底下
【简析】比喻眼前、跟前儿。

⭐ 眼皮子浅
【简析】形容某人见别人东西就想据为己有，爱占小便宜。

⭐ 眼儿猴[①]了
【注释】①眼儿猴（yǎnrhóu）：掷色子时，两个色子的点儿相同，另外一个色子是一个点儿，叫眼儿猴，为输点儿。
【简析】比喻人死了（缺乏尊重意）。

眼儿气

【简析】见别人有某物嫉妒生气。

眼儿眼儿的

【简析】形容处于非常危险的境地,不好的情况随时都可能发生。

眼长在裤兜子①里啦?

【注释】①裤兜子(kùdōuzi):裤子里边的裆部。

【简析】用于质问人。意思是,东西明明在眼前放着,为什么却看不见?

眼长在脑瓜顶儿①上

【注释】①脑瓜顶儿(nǎoguādǐngr):头顶。

【简析】形容眼睛向上,对上级百般奉迎,对普通人却不理不睬,不关心其痛痒,不理会他们的意见、呼声。

眼中钉,肉中刺

【简析】比喻把某人看作心病,极度容不下。

眼发黑

【简析】形容极其饥饿难支的情形。

眼珠儿发蓝

【简析】1.形容某人经济窘困时急得束手无策的样子。2.急切盼望的样子。

– Y –

☆ 眼珠子当泡儿踩

【简析】赌咒发誓的话。表示自己言语的可信或态度的坚决。

☆ 眼珠子都指①不上，还指眼眶子？

【注释】①指：指望。

【简析】比喻关系近的人都指不上，关系远的人就更指不上了。

☆ 眼子①钱

【注释】①眼子（yǎnzi）：冤枉。

【简析】比喻冤枉钱。

☆ 演①一辋儿②，说一辋儿

【注释】①演：演进；艰难地、一点儿一点儿地前移。②辋儿（wǎngr）：一般叫"辋子"。有一定长度和厚度的弓形木块儿，多块辋子构成车轮圆形外围。

【简析】比喻走一步看一步，对将来的结局不敢断定。

☆ 咽不下这口气

【简析】比喻忍受不了这个屈辱。

☆ 燕儿不下蛋儿

【简析】形容极其忙碌的情形。

北京惯用语集释

⭐ 羊毛出在羊身上
【简析】比喻看似得到好处,实际上是以自己的付出或损失为代价的。

⭐ 羊群里出骆驼
【简析】比喻在非常一般的一群人中显得突出、显眼。

⭐ 养活①孩子没屁股眼儿
【注释】①养活(yǎnghuo):生(孩子)。
【简析】咒骂语。意思是,你别做缺德的事,做缺德的事就会有如此报应。

⭐ 养马比君子①
【注释】①君子:人格高尚的人。
【简析】插入语。意思是,人跟牲畜有许多相同的地方。用于用牲畜的某方面比喻为人的某个道理前。

⭐ 吆五喝六的
【简析】意思是,吆喝这个,支使那个。形容随意命令人、支使人。

⭐ 摇车的爷爷,拄拐杖的孙子
【简析】旧时,在不少大家族中,有的人很老了但辈分却比较低,有的人年岁很小但辈分却比较高,所以出现了老的管小的叫爷爷的现象。

- Y -

⭐ **摇羽毛扇儿的**
【简析】在传统戏曲中,军师一类人物(如诸葛亮)的扮演者常常手拿一把羽毛扇。比喻给人出谋划策的人。

⭐ **咬牙放屁吧唧嘴**
【简析】形容睡觉时有多种坏毛病。

⭐ **咬住不撒嘴**
【简析】比喻不宽恕、不原谅,不放弃追究。

⭐ **要好瞧儿**
【简析】反语。指故意使人出丑、难堪、犯难。

⭐ **要哪儿没哪儿**
【简析】形容无一是处。

⭐ **要哪儿有哪儿**
【简析】形容无可挑剔。

⭐ **要星星不给月亮**
【简析】意思是,甭管要求是否合理,只要提出来就尽量满足其要求。多指长辈对孩子娇惯,也用于丈夫对娇小妻子的宠爱。

⭐ **也不撒泡尿照照自个儿**
【简析】詈语。指某人缺乏自知之明,不知道自己离某个

北京惯用语集释

条件或标准太远。常用于骂某人条件很差，却想找个漂亮的女子为妻。

⭐ **一把鼻涕，一把泪**
【简析】形容不住地哭泣。

⭐ **一把屎，一把尿**
【简析】形容养育子女或其他幼童的辛苦、不易。

⭐ **一把死凿儿**
【简析】比喻做事情认死理，不知道变通。

⭐ **一报还一报**
【简析】指坑害别人后自己也得到了相同的报应。

⭐ **一笔糊涂账**
【简析】指弄乱了的账目。比喻弄不清楚的事情。

⭐ **一不沾亲，二不带故**
【简析】指没有亲戚或朋友关系。

⭐ **一不做，二不休，扳倒了葫芦洒了油**
【简析】比喻索性把事情干到底。

⭐ **一步一个脚印儿**
【简析】比喻做事踏实、稳重。

-Y-

⭐ 一秤儿来,百秤儿去

【简析】意思是,按分量批量趸(dǔn)来的东西再零散地按分量卖出去,必然有零零散散的损耗;如果不考虑这一点,以为买卖有赚儿,结果很可能就不赚钱,甚至赔钱。

⭐ 一杵子买卖

【简析】同"一锤子买卖"。

⭐ 一传十,十传百

【简析】形容消息传播得迅速且传播范围广。

⭐ 一锤子买卖

【简析】也说"一杵子买卖"。意思是,只能与人做一次交易的买卖。比喻别人与其交往一次后再也不愿与其交往的行为。

⭐ 一肚子大粪,没地界儿①下勺子②

【注释】①地界儿(dìjier):地方。②下勺子(xià sháozi):用粪勺淘。

【简析】比喻腹中空空,没有一点儿文化知识,是一个浑浑噩噩的人(农民常用于自谦、自嘲)。

⭐ 一肚子坏水儿

【简析】比喻某人坏主意特别多。

⭐ 一朵鲜花儿插在牛粪上了

【简析】比喻一个貌美的女子嫁给了一个猥琐、丑陋、窝

囊的男子。

⭐ 一跺脚，四城①乱颤

【注释】①四城：这里指北京的东城、西城、南城、北城，即整个儿北京城。

【简析】比喻一个人权势极大，说话、做事在全北京市都有很大影响。

⭐ 一而再①，再而三

【注释】①再：第二次。

【简析】形容连续多次（犯错误或做坏事）。

⭐ 一分钱掰成两半儿花

【简析】1.形容在花钱方面非常节俭。2.指少花钱多办事。

⭐ 一分钱能攥出汗来

【简析】形容一个人极其节俭，不轻易花钱。

⭐ 一疙瘩一蛋

【简析】形容该平匀而不平匀，既有块儿又有团儿。

⭐ 一疙瘩一块

【简析】1.形容不匀调。2.形容不平整的样子。

⭐ 一个包衣①里爬出来的

【注释】①包衣：胎盘和胎膜的统称。

【简析】比喻是亲兄弟姐妹。

⭐ 一个鼻子眼儿出气儿
【简析】比喻二人关系好得不得了,凡事都持同一立场(有贬义)。

⭐ 一个唱红脸儿,一个唱白脸儿
【简析】比喻两个人对同一件事情的同一个人采取不同的态度,一个态度严厉,一个关心体贴(但都是为了达到同一目的)。

⭐ 一个汗珠儿掉在地下摔八瓣儿
【简析】形容从事农业生产劳动辛苦劳累的情形。

⭐ 一个萝卜一个坑儿
【简析】比喻职位与所配备的人员一样多,各司其职,没有人员上的富余。

⭐ 一个模子刻出来的
【简析】比喻两人长得极其相像(多用于兄弟或姐妹间)。

⭐ 一个屁匀成十六个悠着放
【简析】比喻做事不抓紧,慢慢悠悠,拖拖拉拉。

⭐ 一个赛[①]一个
【注释】①赛:像;好像。

【简析】意思是，一个像一个。形容个个都好或个个都不好。

一个天上，一个地下
【简析】比喻两人社会地位、生活条件等相差悬殊。

一个也是轰①着，俩也是赶着
【注释】①轰：赶；驱赶。
【简析】比喻多比少不见得费多少事，同样是做一次则能多做点儿就多做点儿。

一根绳儿上的蚂蚱
【简析】比喻互相牵制，谁也跑不了。

一棍子打死
【简析】比喻对有缺点、有错误的人全盘否定。

一锅儿端
【简析】比喻一下子全部掳走。

一锅儿搅马勺
【简析】比喻兄弟几个在一起过日子。

一壶醋钱
【简析】形容所值或所花费极少。

- Y -

⭐ 一环扣一环
【简析】比喻事情互相关联,关系紧密。

⭐ 一会儿刮风,一会儿下雨
【简析】比喻情绪或态度变化无常。

⭐ 一会儿阴,一会儿晴
【简析】比喻表情变化不定,一会儿生气,一会儿高兴。

⭐ 一句话让人笑[①],一句话让人跳[②]
【注释】①笑:此处指高兴。②跳:暴跳。此处指生气。
【简析】意思是,一句话可以让人听了高兴,一句话也可以让人听了生气。因此,说话必须注意分寸,讲究艺术,不可随意乱说。

⭐ 一撅屁股,就知道他要拉什么屎!
【简析】比喻从简单的言行就能知道其人有什么企图或想要干什么。

⭐ 一棵树上吊死
【简析】比喻死抱住一种方法,或死靠一种手段、方式,但明明行不通却又不知道变通另想办法。

⭐ 一口气儿不来
【简析】"死"的讳言。常用于对未来的假设。

北京惯用语集释

⭐ 一块石头落了地
【简析】比喻问题得到了解决或事情有了着落,一下子放心了。

⭐ 一粒耗子屎,坏一锅粥
【简析】同"一马勺毁一锅"。

⭐ 一脸官司
【简析】也说"一脑门子官司"。比喻满脸怒容、愁容。

⭐ 一碌碡①轧②不出个屁来
【注释】①碌碡(liùzhou):农具名,有的地区叫石磙。用石头做成,圆柱形,长约三四尺,通过滚动用于轧场脱粒。有时也用来镇地。②轧(yà):滚压;碾。
【简析】用于指斥某人木讷、沉默寡言,不讨人喜欢。

⭐ 一马勺毁一锅
【简析】也说"一粒耗子屎,坏一锅粥"。比喻由于个人行为不当致使一个群体受损。

⭐ 一码归一码
【简析】意思是,各是各的,不能混淆,不能一概而论。

⭐ 一门儿不门儿
【简析】意思是,一点儿也不懂,一窍不通。

⭐ 一亩三分地儿

【简析】旧时,皇帝在先农坛有一亩三分地耕种。今泛指所有权或势力范围,也谦指自己所有的一点点财富。

⭐ 一脑袋高粱花子

【简析】同"满脑袋高粱花子"。

⭐ 一脑袋糨子

【简析】同"满脑袋糨子"。

⭐ 一脑门子官司

【简析】同"一脸官司"。

⭐ 一屁股饥荒①

【注释】①饥荒(jīhuang):债。
【简析】形容负债很多。

⭐ 一片嘴,两片舌

【简析】比喻爱说闲话,好搬弄是非。

⭐ 一瓶子不满,半瓶子逛荡①

【注释】①逛荡(guàngdang):液体在容器中摇动、晃动。
【简析】比喻对某种知识或某种技术掌握得非常不好的人,即所谓"半瓶醋"。

北京惯用语集释

⭐ 一谱纳心儿

【简析】形容专心致志。

⭐ 一人吃饱，一家子不饿

【简析】比喻一个人单独生活。

⭐ 一人一把号，各吹各的调

【简析】比喻在一个集体中行动不一致，各人按照各人的意志行事。

⭐ 一人之下，万人之上

【简析】意思是，只有一个上司，其余都是他的下属。形容位高权重。

⭐ 一勺儿烩

【简析】比喻对多人一块儿惩处。

⭐ 一声不了[①]一声

【注释】①了（liǎo）：完结，结束。
【简析】形容喊声、哭声、叫声或响声连续不断。

⭐ 一时比不得一时

【简析】此一时的情况跟彼一时的情况不一样，两个时期不能相比。

- Y -

⭐ 一时半会儿
【简析】指短的时间。

⭐ 一是一,二是二
【简析】形容做事极其认真,绝不马虎。

⭐ 一手交钱,一手交货
【简析】指当面交易,货款两清,不赊不欠。

⭐ 一手托两家
【简析】比喻从中调和的人公平合理、不偏不倚地对待双方。

⭐ 一条道儿走到黑
【简析】比喻为人、做事固执,不知道变通。

⭐ 一推两搡儿
【简析】比喻遇事把责任推到别人身上。

⭐ 一推六二五
【简析】源于珠算口诀"一退六二五"。比喻责任心不强,工作能不干就不干或推给别人干;也比喻出事后迅速推脱责任。

⭐ 一碗水端平
【简析】意思是,主事者在双方或多方之间处事公平。

北京惯用语集释

⭐ **一问三不知**
【简析】形容问他什么都回答不上来，或什么也不懂。

⭐ **一窝的狐狸不嫌臊**
【简析】比喻同母兄弟间不相嫌弃。

⭐ **一窝儿八代**
【简析】形容一个家庭上下几代，人口很多。

⭐ **一眼看高，一眼看低**
【简析】形容每个人的眼光不同，取舍标准不一样，即常说的"见仁见智"。

⭐ **一者……二者……**
【简析】口语同"一方面……另一方面……"或"一来……二来……"。

⭐ **一只胳膊条半腿**
【简析】形容肢体有很重的残疾（常用于说自身）。

⭐ **一锥子扎不出血来**
【简析】形容某人木讷。

⭐ **一字值千金**
【简析】形容所写的字好，非常宝贵。

- Y -

⭐ 衣来伸手，饭来张口
【简析】比喻不事劳动，由别人伺候生活。

⭐ 寅①年用了卯②年
【注释】①寅（yín）：地支的第三位。②卯（mǎo）：地支的第四位。
【简析】"寅年用了卯年粮"的简说。寅年在卯年前，而寅年已经用了卯年才能支出的钱粮，说明入不敷出，透支情况严重。形容生活拮据窘困。

⭐ 鹰鼻子鹞眼
【简析】指人的面容长得尖刻难看。

⭐ 蝇子落上也得劈叉①
【注释】①劈叉（pǐchà）：因脚蹬滑使腿外裂而造成腿的根部受伤。
【简析】用于讥讽某人头发用油过多，梳得过于光滑。

⭐ 硬掐脖儿
【简析】也说"硬掐脯儿"。比喻不是主动而是被逼迫、强迫（做某事）。

⭐ 硬掐脯儿
【简析】同"硬掐脖儿"。

⭐ 用菩萨，挂菩萨，不用菩萨骂菩萨
【简析】比喻某种从功利出发的实用主义。

⭐ 用人家朝前，不用人家朝后
【简析】意思是，用到人家时就主动热情，不需要人家时就不理不睬，远离人家。用于对人际关系上的功利主义、实用主义和势利小人的批判。

⭐ 油瓶儿倒喽都不扶
【简析】形容人懒惰，家里的任何活儿都不干，任何事都不管。

⭐ 油腔滑抹嘴儿
【简析】即"油腔滑调"。

⭐ 有爱孙猴儿的，有爱猪八戒的
【简析】孙猴儿和猪八戒都是明代神话小说《西游记》中的人物，一个机敏好动，一个老实憨厚，二者有着鲜明的、截然不同的性格。指各有所爱的人，对某人爱某人不必觉得不可理解或少见多怪。

⭐ 有鼻子有眼儿
【简析】比喻不足凭信的事被说得有根有据，十分逼真。

⭐ 有柴一灶，有米一锅
【简析】意思是，做饭时把所有的柴一下子都塞进灶膛里，

- Y -

把家里所有的米都倒入锅中。形容居家过日子不会算计,不知道节俭。

⭐ **有出的气儿,没进的气儿**
【简析】形容呼吸微弱(生命垂危)。

⭐ **有福同享,有罪同受**
【简析】旧时常用于拜把子兄弟间或挚友间的誓言,即"同甘苦,共患难"。

⭐ **有根有袢儿**
【简析】形容非常有根据。

⭐ **有梗儿添叶儿**
【简析】也说"有枝儿添叶儿"。比喻对传言多有增饰。

⭐ **有话快说,有屁快放**
【简析】插入语。催促人有什么话赶快说。

⭐ **有今儿个,没明儿①**
【注释】①明儿(míngr):明天。
【简析】意思是,人活不了多长时间了。

⭐ **有礼儿有面儿**
【简析】指在与人交往中讲究礼节,注重情面。

北京惯用语集释

⭐ **有两把刷子**
【简析】意思是，有两下子。

⭐ **有脓带往地下擤**①
【注释】①擤（xǐng）：用手指摁住鼻子向外送气使鼻涕流出。
【简析】"脓带"谐音"能耐"。比喻有本事就应该拿出来，表现出来（光说有本事，别人看不到也白搭）。

⭐ **有人养活，没人管**①
【注释】①管：管教。
【简析】骂小孩子淘气得太出圈儿，太缺乏家教（大人用于骂别家的孩子）。

⭐ **有钱买马，没钱买鞍。**
【简析】同"有钱买牲口，没钱买笼头"。

⭐ **有钱买前门楼子去！**
【简析】前门楼子没有人卖，也没有人能买。北京人用此语讥讽调（piǎn）富者。

⭐ **有钱买牲口，没钱买笼头。**
【简析】也说"有钱买马，没钱买鞍"。比喻大处的钱已花，小处的钱却舍不得花。

– Y –

⭐ **有钱拿钱挡,没钱拿命挡**

【简析】这是关于生病的常用语。指人生了病以后,如果有钱就花钱求医用药救治,如果没有钱就不能求医用药,只好听天由命。

⭐ **有谁没谁?**

【简析】指大家彼此是一样的,得益都得益,受损失都受损失。有时也指有规则就不怕,在规则面前大家是平等的。

⭐ **有时有会儿**

【简析】同"有时有晌儿"。

⭐ **有时有晌儿**

【简析】指有一定的时间,不是希望何时就何时。

⭐ **有事儿没事儿**

【简析】指不管有事还是没事。

⭐ **有事儿,为什么不搭棚?**

【简析】旧时,北京住家有红白喜事时要请棚铺的人在院子里搭大席棚、布棚,以便接待前来庆、吊的亲友。此语旧时小女孩儿喜用,如一个女孩儿约另一个女孩儿玩儿,另一个女孩儿说"我有事儿",那个女孩儿就常问"有事儿,为什么不搭棚"。

★ 有他不多，没他不少
【简析】形容某人可有可无，无足轻重。

★ 有他没我，有我没他。
【简析】形容两人势不两立，不共戴天。

★ 有头有脸儿
【简析】比喻有身份、有地位、有名望。

★ 有眼不识泰山①
【注释】①泰山：五岳之一。在山东省中部，古人认为它是高山的代表。常用于比喻敬仰的人或重大的、有价值的事物。
【简析】比喻地位高、本领大的人就在自己面前，自己却没有认出来（含有对对方表示歉意的语气）。

★ 有眼不识金镶玉
【简析】同"有眼不识泰山"。

★ 有羊还怕赶不到山上去？
【简析】比喻有东西就不愁卖不出去。

★ 有一搭，无一搭
【简析】1.形容可有可无，无足轻重。2.形容心中不怎么在意。

- Y -

⭐ 有一说一,有二说二
【简析】指说话实事求是,不夸大,不隐瞒。

⭐ 有一腿
【简析】比喻两人有不正当的男女关系。

⭐ 有冤报冤,有仇报仇
【简析】意思是,大家一起来报冤仇。

⭐ 有枣儿一竿子,没枣儿一棍子
【简析】比喻胡乱说话,不着调,不靠谱儿。

⭐ 有枝儿添叶儿
【简析】同"有梗儿添叶儿"。

⭐ 有猪头还怕找不着庙门儿?
【简析】旧时,百姓常用屠宰后的猪头敬神还愿,所以有此语。1.比喻好东西不愁送不出去。2.比喻人有本事不担心没有人聘用。

⭐ 又放火,又救火
【简析】比喻某人暗中挑拨不和,但事端争斗起来后从中帮助说和、平息的还是这个人。这种人十分阴险,但有的人却看不清这种人的本质,还把这种人当好人。

北京惯用语集释

⭐ 又叫马儿跑，又叫马儿不吃草

【简析】比喻又想让别人干好工作多出成果，又不愿意给别人更多的酬劳。

⭐ 又想吃，又怕烫

【简析】比喻想做某事又怕惹来麻烦引来烦恼，因此顾虑重重、犹犹豫豫。

⭐ 鱼帮水，水帮鱼

【简析】比喻互相帮助。

⭐ 榆木疙瘩脑袋

【简析】形容脑子不开窍儿，愚笨。

⭐ 榆木脑袋

【简析】同"榆木疙瘩脑袋"。

⭐ 雨后送蓑衣[①]

【注释】①蓑衣（suōyi）：用棕毛或单根叶编成的防雨用具。

【简析】比喻所提供的帮助错过了需要帮助的时间。

⭐ 冤有头，债有主

⭐ 原汤化原食

【简析】意思是，喝煮该食物的汤有助于该食物的消化

- Y -

⭐ 圆和脸儿一抹变长和脸儿

【简析】比喻拉下脸来把面子问题放在一边厚着脸皮做某事。

⭐ 越穷越赶上

【简析】指本来日子就穷困却又偏偏遇到花费大的事情。

Z

⭐ 扎上口袋嘴儿
【简析】意思是，把嘴捆上。比喻不吃饭（愠怒语）。

⭐ 再有一分之路
【简析】意思是，但凡有一点儿办法。表示实在没有办法。

⭐ 在前门大街赶车，碰不着篱笆
【简析】前门大街道路宽阔，两旁店铺林立，是京城有名的繁华商业街，自然不可能有篱笆，因此赶车技术再差的车把式在前门大街赶车也不会碰着篱笆。用于说某人赶车技术不怎么样，有时也用于赶车人自嘲。

⭐ 在钱眼儿上站着
【简析】比喻某人办事过于看重钱财。

⭐ 在人家手心儿里攥着
【简析】比喻被别人掌控着，别人想怎么办就怎么办。

- Z -

⭐ 在伤口上撒盐
【简析】比喻加剧别人的伤痛。

⭐ 凿死卯子
【简析】比喻认死理，过于较真儿。

⭐ 早知道尿炕，谁还不在筛筐①里睡啊？
【注释】①筛筐（shāikuang）：用荆条或竹子编的农业用具。圆形，有边框，有把手，有方形眼儿。打场时，通过筛筐把轧碎的秸秆儿与粮食分开。
【简析】比喻事先没有想到会如此，如果知道会出现这种情况肯定不会那样做，但现在后悔也晚了，责难也没有用。

⭐ 早知今日，何必当初？
【简析】意思是，早知道有今天这个结局，当初为什么那样做呢？这是埋怨别人当初就不应该那样做，现在后悔也晚了。

⭐ 灶火坑①里游遍天下
【注释】①灶火坑（zàohuokēng）：柴灶灶门儿附近的一块地界儿。因经常需从此处往外弄灶火灰，使得这一处较其他处低洼，故名。
【简析】比喻没离开过本乡本土，也比喻见识少。

⭐ 贼①不要的手②
【注释】①贼：偷窃的人。②手：那类人。
【简析】形容一个人极其狡猾、奸诈。

193

北京惯用语集释

⭐ **怎么眼泪那么不值钱?**
【简析】以质问的语气告诉某人此事不值得哭。

⭐ **怎么话儿说的?**
【简析】批评埋怨语(后面常引出埋怨的话)。

⭐ **乍穿新鞋高抬脚**
【简析】比喻刚刚得势就洋洋自得或耀武扬威。

⭐ **沾手三分肥**
【简析】同"过手三分肥"。

⭐ **粘不着儿**
【简析】比喻不禁招引的人若招待或帮助他一次,他就总是来你处或求你帮助。

⭐ **占便宜没够,吃亏难受**
【简析】形容某人贪婪自私。

⭐ **占着茅坑儿不拉屎**
【简析】比喻占据职位不干事儿,不尽责。

⭐ **站着说话不腰疼**
【简析】指事情没有落在自己头上时在一旁说大话、空话、风凉话儿很容易(有反讽的意味)。

- Z -

⭐ 张家长，李家短
【简析】指闲谈时涉及街坊邻居的日常琐事。

⭐ 张三的帽子给李四戴上了
【简析】成语"张冠李戴"的口语化说法。比喻把两件事情搞错了。

⭐ 张三、李四、王二麻子
【简析】泛指多个人、各类人。

⭐ 张嘴就骂，伸手就打
【简析】形容某人不把某人当人看待，随意虐待。

⭐ 长几个脑袋？
【简析】指斥某人胆大妄为，不怕死。

⭐ 仗腰眼子
【简析】比喻背后支持。

⭐ 招猫儿，递狗儿
【简析】同"招猫儿，逗狗儿"。

⭐ 招猫儿，逗狗儿
【简析】也说"招猫儿，递狗儿"。比喻轻率、随意地挑逗、招惹别人（多用于孩童）。

北京惯用语集释

⭐ **着三不着两**

【简析】也说"着头不着两"。形容说话没有分寸,随意乱说,轻重失宜。

⭐ **着头不着两**

【简析】同"着三不着两"。

⭐ **找不好瞧儿**

【简析】意思是,自讨没趣。

⭐ **找不着北了**

【简析】古人一直以北定方向,晚上行走时辨别方向靠看北斗七星。形容某人因高兴或得意而忘乎所以。

⭐ **找垫被货①的**

【注释】①被货(bèihuo):被子。

【简析】指犯事后攀扯别人,让别人跟自己一起受惩处。

⭐ **找凉快地界儿歇着去!**

【简析】同"哪儿凉快上哪儿待着去"。

⭐ **找歪盆子①**

【注释】①盆子:比碗大、比盆小而略深的容器。多用陶瓷制成,也有搪瓷制品。

【简析】也说"抓歪盆子"。比喻找别人毛病。

- Z -

⭐ 照方儿抓
【简析】"照方儿抓药"的简说。比喻照同样的方法办理。

⭐ 照①猫画虎,比葫芦画瓢
【注释】①照:比照。
【简析】比喻只是模仿。

⭐ 折跟头摺肺
【简析】1.形容过度地劳动或操作。2.指孩子翻滚打闹。

⭐ 褶子了
【简析】比喻没有办法了。

⭐ 这耳头进去,那耳头出来
【简析】也说"左耳头进,右耳头出"。形容不认真听别人的话,或不把别人说的话当回事。

⭐ 针尖儿对麦芒儿①
【注释】①麦芒儿(màiwángr):麦穗儿的外壳上所长的针状物。
【简析】比喻两人都厉害,都难惹。

⭐ 针头线脑儿
【简析】泛指妇女日常做针线活所用的零零碎碎的东西。

真人面前不说假话
【简析】插入语。意思是，自己在好人、朋友面前不打诳语。用于面对面谈事情时。

真有你的!
【简析】意思是，你真行。用于讥讽别人的行为举动不同常人。

争之不足，让之有余
【简析】意思是，分物时，彼此相争则不够，彼此相让则有富余。

睁眼儿瞎
【简析】比喻不识字的人。

睁眼说瞎话①
【注释】①瞎话：假话，谎话。
【简析】比喻公然说谎。

睁一眼，合一眼
【简析】1.比喻假装没看见。2.比喻对出现的问题能放过就放过，不加追究。

蒸不熟煮不烂的
【简析】比喻某人极其不通情理，别人拿他毫无办法。

⭐ 蒸馏水衙门

【简析】从"清水衙门"发挥而来。比喻只有低微的工资收入而无任何油水儿可捞的单位。

⭐ 支支动动儿,拨拨转转儿

【简析】指斥某人从不主动做事,总是在别人指使后才行动。

⭐ 吱儿喳嚎是

【简析】形容驯顺听命的样子。"吱儿喳嚎是",模拟满族贵族家中奴才对主子的应答之词(有讥讽意味)。

⭐ 知道锅儿是铁打的了

【简析】比喻知道过日子的艰难了。

⭐ 只此一家,别无分店

【简析】比喻只有这一处,再也找不到别家。

⭐ 只有招架①之功,没有还手之力

【注释】①招架:应付,抵挡。
【简析】指在双方打斗过程中弱势一方逐渐丧失了主动出击的能力而变为消极防守。

⭐ 治聋,治哑了

【简析】比喻器物有毛病修理后不但没有修理好,反而毛病更大、更多了。

北京惯用语集释

☆ 治一经①，损一经

【注释】①经：经络，经脉。
【简析】比喻有一得必有一失，也比喻做事情迎合了这一方就要得罪另一方。

☆ 种一葫芦，打一瓢

【简析】一个葫芦竖着从中剖开正好成两块瓢，一瓢的容量是一葫芦的二分之一。意思是，种庄稼收不回来种子。形容某地耕地贫瘠不长庄稼，农民生活困顿。

☆ 重身子

【简析】指有身孕的身体。

☆ 煮熟的鸭子又飞了

【简析】比喻得而复失，或事情接近成功的时候又失败了。

☆ 住喽辘轳，干喽畦

【简析】比喻某个家庭生活艰难，主要劳动力一停止奔波、奋斗，就全家马上没有饭吃。

☆ 抓歪盔子

【简析】同"找歪盔子"。

☆ 鬏髻儿①夫妻

【注释】①鬏髻儿（zhuājir）：幼女梳在头两旁的髻。
【简析】即"结发夫妻"（相对于"半路夫妻"）。

- Z -

⭐ 拽咧子①

【注释】①拽咧子（zhuāi liēzi）：因对某人或某事不满而发牢骚、说怪话儿或不指名姓地胡骂乱骂。

⭐ 转脸儿就不认账

【简析】形容反悔得极快，刚刚承认的过一会儿就否认掉。

⭐ 装臊达子

【简析】詈语。骂人装样子、装蒜。

⭐ 撞到枪口上了

【简析】1.比喻正好成了运动打击、惩治的对象。2.比喻正好找对了人或问对了人。

⭐ 拙老婆纫①丈线

【注释】①纫（rèn）：把线插入针鼻中。
【简析】形容人笨不会干活儿。

⭐ 拙妻、拧①子、不通气儿的烟袋

【注释】①拧（nìng）：脾气偏，任性。
【简析】此为旧时令男人心烦的三件事。

⭐ 自个儿的梦儿自个儿圆

【简析】指自己应该根据自己的情况行事，不应该盲目地追随别人、模仿别人行事。

☆ 自个儿的梦儿自个儿做
【简析】同"自个儿的梦儿自个儿圆"。

☆ 走背字儿
【简析】比喻时运不好,倒霉。

☆ 走道儿踩不死蚂蚁
【简析】形容步履迟缓,慢慢腾腾(多用于男子)。

☆ 走道儿都怕踩死蚂蚁
【简析】形容胆小怕事,谨小慎微。

☆ 走一步,看一步
【简析】比喻事情究竟怎么办,情势究竟如何发展,心中都没谱儿,只能一边做一边摸索、观察。

☆ 钻牛角尖儿
【简析】比喻分析认识问题走极端。

☆ 钻牛儿犄角
【简析】同"钻牛角尖儿"。

☆ 嘴边儿上的肥肉
【简析】比喻唾手可得的好处。

⭐ 嘴大嗓子眼儿小

【简析】比喻有心贪婪但却容纳不下。

⭐ 嘴把式

【简析】讥指只说不做或只会说不会做的人。

⭐ 嘴啃泥

【简析】比喻身体朝前跌倒。

⭐ 嘴里像含着热茄子似的

【简析】形容话语说得含混不清。

⭐ 嘴没把门儿的

【简析】比喻口无遮拦,该说的、不该说的都随意乱说。

⭐ 嘴儿来嘴儿去的

【简析】比喻一个劲儿地还嘴、顶撞(用于对长辈或上级)。

⭐ 嘴儿嘴儿的

【简析】比喻长辈或上级教训时不断地辩解、辩驳。

⭐ 嘴一份,手一份

【简析】形容人又能说又能干。

北京惯用语集释

⭐ 嘬不住粪

【简析】1.比喻没有禁受住压力而说出实情,没有禁受住严刑拷打而招认。2.比喻遇到好的事情心里得意而急于显摆让人知道。

⭐ 嘬不住劲了

【简析】1.沉不住气了。2.在高压或严刑拷打下坚持不住了、忍受不住了。

⭐ 嘬牙花子①

【注释】①牙花子(yáhuāzi):牙缝隙中的牙垢。
【简析】表示为难,不知道怎么办好。

⭐ 左耳头进,右耳头出

【简析】同"这耳头进去,那耳头出来"。

⭐ 坐红椅子

【简析】旧时,张贴的考试成绩榜上的最后一名下会用红笔勾"乙",因此用坐红椅子比喻考了最后一名。

⭐ 坐喷气式

【简析】同"寒鸦儿洑水"。

⭐ 坐一条板凳

【简析】比喻站在同一立场。

⭐ 做官丢了印①了

【注释】①印：印信，即图章。

【简析】讥指某人做某事前忘了带做某事的必备用具。

⭐ 做梦也没想到

【简析】形容根本没有想到，出乎意料。

注释词语索引

（括号中的阿拉伯数字为本书的页码）

A

阿斗	（49）

B

八抬大轿	（60）
疤瘌	（61）
拔	（29）
把儿	（139）
白儿	（96）
百	（6）
百衲衣	（21）
绊子	（72）
膀	（132）
棒槌	（43）
包衣	（174）
被货	（196）

比	（10）
饽饽	（50）
不成	（131）
不跟	（143）

C

曹操	（138）
曹营	（132）
糟糕	（98）
朝	（73）
程咬金	（7）
迟	（58）
充	（26）
出	（20）
出家	（7）
撺掇	（29）
矬	（29）

– 注释词语索引 –

矬子　　　　　　　（29）

D

打　　　　　　　　（31）
打幡儿　　　　　　（143）
打水漂儿　　　　　（34）
大天　　　　　　　（138）
大头　　　　　　　（70）
大眼贼儿　　　　　（60）
逮　　　　　　　　（38）
担担　　　　　　　（70）
扨　　　　　　　　（91）
倒儿　　　　　　　（124）
提溜　　　　　　　（42）
地界儿　　　　　　（173）
点　　　　　　　　（71）
吊　　　　　　　　（160）
掉个儿　　　　　　（57）
掉屁股　　　　　　（129）
碟儿　　　　　　　（111）
顶风　　　　　　　（42）
短　　　　　　　　（118）
对头弯儿　　　　　（119）

E

耳头眼儿　　　　　（159）

F

凡人　　　　　　　（70）
佛爷　　　　　　　（129）
粉　　　　　　　　（131）

G

嘎巴儿　　　　　　（74）
鮅鱼　　　　　　　（12）
干粮　　　　　　　（11）
赶　　　　　　　　（26）
刚　　　　　　　　（51）
高　　　　　　　　（106）
高粱花子　　　　　（93）
告　　　　　　　　（117）
虼蚤　　　　　　　（154）
更　　　　　　　　（166）
沟子　　　　　　　（89）
锢露　　　　　　　（20）

207

北京惯用语集释

关二爷	（90）
管	（186）
馆儿	（77）
光棍儿	（57）
逛荡	（179）

H

蛤蟆	（38）
韩信	（34）
寒毛	（4）
寒鸦儿	（61）
汉	（132）
汉子	（127）
行市	（53）
好	（61）
鹤	（28）
耗子	（60）
黑价	（96）
轰	（146；176）
后脑勺子	（72）
乎	（85）
核儿	（92）
捋撸	（4）
黄鼬	（66）
火候儿	（12）

J

饥荒	（179）
鸡皮疙瘩	（112）
急捻儿的	（69）
计	（125）
记	（69）
枷	（99）
家雀儿	（38）
架秧子	（112）
缰儿	（37）
腨子	（46）
糨子	（93）
浇	（71）
焦	（71）
脚后跟	（48）
脚丫子	（73）
揭锅	（12）
隔	（74）
今儿个	（74）
经	（200）
鬏儿	（31）
就	（133）
撅	（119）
绝户	（4）
橛子	（121）
君子	（170）

- 注释词语索引 -

K

炕	（16）
抠门儿	（80）
裤兜子	（168）
况	（85）
盔子	（196）

L

拉	（31）
拉秧	（82）
蝲蝲蛄	（148）
赖	（62）
篮	（70）
榔头	（43）
老好子	（112）
老天爷	（84）
老爷儿	（85）
哩格儿楞	（11）
连毛儿猪	（98）
两口子	（149）
僚	（57）
了	（180）
撂	（88）
溜	（89）

碌碡	（178）
笼头	（93）
搂	（71）
鲁班	（90）
捋	（91）
落汤鸡	（71）

M

抹	（92；147）
么儿	（6）
马聚源	（149）
马王爷	（16）
麦芒儿	（197）
卯	（183）
门脸儿	（164）
门槛子	（145）
明儿	（185）
磨扇子	（100）

N

拿	（65）
脑瓜顶儿	（168）

北京惯用语集释

脑浆子	（32）	Q	
脑门子	（102）		
脑子	（32）	气黑	（113）
闹	（103）	前门楼子	（89）
内联升	（149）	枪杆	（116）
脓	（104）	墙头子	（84）
脓带	（9）	雀儿	（93）
能	（104）	亲家	（19）
蔫人	（106）	求	（117）
拧	（201）	蛐蛐儿	（148）
		觑	（118）

P

		R	
耙儿	（43）		
披	（108）	纫	（201）
碰上	（51）	容	（155）
霹雷	（117）	如来佛	（145）
劈叉	（183）		
屁股门儿	（134）		
屁股眼儿	（97）		
屁股眼子	（109）	S	
铺盖	（76）		
噗吪噔儿	（136）	仨	（124）
蒲包儿	（73）	赛	（175）
		三宝殿	（155）
		三伏	（44）

210

注释词语索引

三九	（44）	笤帚疙瘩	（147）
三爷	（144）	跳	（177）
筛筐	（193）	铁道埂子	（90）
山里红	（22）	头场	（33）
扇	（14）	秃疮	（74）
上架	（82）	吐沫	（150）
梢门	（10）		
折	（52）		
舍	（93）		
神亲	（11）	**W**	
手	（193）		
守着	（136）	挽	（91）
树熟儿	（25）	王八	（152）
四城	（174）	辋儿	（169）
厾人	（71）	窝头	（11）
蓑衣	（190）	五雷	（146）
		武大郎	（11）
		武举	（161）

T

		X	
趿拉	（161）		
抬杠	（143）		
檀	（57）	虾米	（37）
太岁	（144）	瞎话	（198）
泰山	（188）	下勺子	（173）
坛子胡同	（144）	下水	（103）
条	（88）	咸菜	（143）

相	（131）	一边儿	（133）
小九九儿	（162）	一块儿	（163）
孝帽子	（116）	尾巴梢子	（71）
笑	（177）	寅	（183）
笑话	（113）	印	（205）
腥气	（159）	有	（113）
行	（163）	语话	（58）
擤	（186）		

Y

Z

		杂碎	（103）
丫鬟	（161）	再	（174）
牙花子	（204）	葬	（66）
衙役	（7）	皂	（15）
轧	（178）	灶火坑	（193）
言	（128）	贼	（193）
檐子	（29）	站	（40）
掩	（107）	獐子	（26）
眼儿猴	（167）	掌	（132）
眼子	（89；169）	招架	（199）
演	（169）	着	（114）
阳关道	（105）	照	（197）
养	（66）	指	（169）
养活	（170）	诸葛	（125）
幺蛾子	（26）	煮饽饽	（71）
爷	（28）	鬏髻儿	（200）

拽咧子	（201）
跩	（85）
转轴儿	（125）
桩子	（10）
捉	（70）
滋泥	（37）
自个儿	（54）
走	（125）
纂	（31）